기차는 지나갔다

말은 사람을 잇고, 책은 말을 담는다.
'말그릇'은 밥 짓는 마음으로 한결같이 정성을 들여 책을 만든다.

기차는 지나갔다

박애자 수필집

맑은

| 작가의 말 |

수필은 위로다

 수확이 신통찮다. 푸른 기운 빠진 나무에 드문드문 매달린 사과를 따 담았다. 벌레 먹고 썩은 것을 골라내니 한 바구니 사과가 반으로 줄었다. 게으른 농사꾼이 지은 빈약한 소출이다. 모름지기 농사란 뿌린 만큼 거둔다지 않던가.
 저장된 한 꾸러미 분량의 파일을 열어 놓고 망설였다. 알곡보다 쭉정이가 많은 글이다. 박토에 얼치기 농사꾼이니 결실이 부실한 건 당연하다. 제법 긴 시간 시답잖은 글을 쓰며 지냈다. 글에서 수많은 나를 만났다. 마음에 두었던 것을 하나씩 내보낼 땐 행복했지만 때론 되살아난 상처가 슬펐다. 기억 속 아이를 데리고 와 다친 마음에 약을 바르고 어루만지며 안아주었다. 가끔 사과나무가 전하는 이야기를 받아 적기도 하고, 말로 밀어내지 못한 숨죽인 마음을 꺼내 볕살에 말리기도 했다.

내게 수필은 위로다. 안에 웅크리고 있는 나를 불러내 화해를 청한다. 남은 시간 기꺼이 손잡아 준 수필과 소박한 것에 마음 주며 깊고 고요하게 저물 수 있기를.

한 문장이라도 공감하고 누군가에게 작은 위로가 된다면 다행이겠다.

주춤거리는 등 떠밀어 책을 엮을 수 있게 용기를 준 글 친구와 가족이 고맙다. 모든 인연이 참 감사하다.

2022년 겨울 문턱에서

박대자

4 　작가의 말

1장

12 　커피가 식기 전에
16 　식이 아부지
20 　열흘 동안
24 　감재가 우슬따
29 　겨울 주산지
34 　깨 쏟아질 날
39 　어머니의 보따리
43 　클레오파트라
48 　어쩌다 수영
52 　동백

2장

58 어머니, 학교에 가다
63 적과
68 탱자나무가 있던 풍경
72 신박한 정리
77 밭매다
81 기차는 지나갔다
85 조팝꽃
89 새벽예불
94 몸으로 우는 감나무
98 방앗공이

3장

106 기찻길 옆 양철집
110 열무김치와 보리밥
115 민소영
120 아픈 사과나무
125 팝십골 이야기
130 봄날이 간다
134 살구나무집
139 눈물점
143 들깨를 털며
147 외딴 방

4장

- 154 그리운 계절
- 160 메뚜기, 날다
- 164 매화차 향기
- 166 예던 길을 걷다
- 171 큰 나무
- 175 코스모스 다방
- 179 몸이 운다
- 185 성진골을 소환하다
- 190 두릅을 위하여
- 194 주문

아버지와 헤어지던 그 장소다.
아버지가 마당에서 환하게 웃으며 초로의
딸을 바라본다. 다섯 살 아이는 할머니가 되었
지만 아버지는 스물여섯 청년 그대로다. 무슨 말
을 할까, 어떤 말이 하고 싶었던가. 반세기를
건너뛴 시간이 부녀 사이를 침묵으로 막아선
다. 어느새 커피는 식어간다.

1장

커피가 식기 전에

식이 아부지

열흘 동안

감재가 우슬따

겨울 주산지

깨 쏟아질 날

어머니의 보따리

클레오파트라

어쩌다 수영

동백

커피가 식기 전에

 커피 한 잔이 식으려면 시간이 얼마쯤 걸릴까. 종이컵에 끓는 물을 부으면 뜨거운 커피가 식을 때까지는 15분 정도 걸린다고 한다. 물 온도나 컵의 온기에 따라 다르고 커피가 식었다는 느낌 또한 사람마다 제각각일 터니, 정확한 기준은 무의미하다. 지극히 주관적이지만 나는 누구와 어떤 대화를 하며 마시느냐에 따라 커피 한 잔 식는 속도가 달라진다고 생각한다.

 《커피가 식기 전에》, 일본 작가 가와구치 도시카즈가 쓴 소설 제목이다. 일본 어느 도시 후미진 골목 푸니쿨리 푸니쿨라 카페에는 과거로 돌아갈 수 있는 시간 여행 자리가 있다. 시간을 거슬러 자신이 원하는 과거 어느 시점으로 되돌아가는 신기한 카페다. 단, 머물 수 있는 시간은 뜨거운 커피 한 잔이 식기 전까지다. 만약 정해진 시간을 어기면 유령으로 변하여 과거로 돌아가 무엇을 하더라도 현실은 1도 바뀌지 않는다. 이처럼 까다로운 규칙에도 과거로 갈 수 있다고 소문 난 카페는 손님들로 문전성시를 이룬다.

누구나 원한다고 그 자리에 앉을 수 있는 것은 아니다. 커피가 다 식도록 과거에 허우적거리다가 유령이 된 여자가 붙박이로 앉아 있기 때문이다. 하지만 유령이 자리를 비울 때가 있다. 하루 중 화장실 갈 때 잽싸게 그 자리를 차지하고 앉으면 된다.

몇 개 에피소드가 나온다. 주인공들은 이별 직전으로 돌아간다. 첫 번째 이야기는 일주일 전에 헤어진 애인을 그리워하며 이별은 진심이 아니었다고 말한다. 두 번째는 치매 초기 증상을 자각한 남편이 아내에게 쓴 편지를 증세가 악화된 후 아내가 보게 된다. 2년 전으로 돌아가고 싶은 애틋한 부부 이야기다. 집 나간 언니를 만나러 왔다가 얼굴도 보지 못한 채 편지만 전하고 가던 길에 동생은 교통사고로 숨을 거둔다. 언니는 동생이 자신을 만나러 왔던 사흘 전으로 시간 이동을 한다. 과거로 돌아가 어떠한 노력을 한다 해도 현실은 바뀌지 않지만, 그들은 잘못된 것을 바로잡고 오해를 풀며 상처를 어루만진다.

 나는 과거 어느 장면에 안타까운 마음 한 조각을 놓치고 왔을까. 딱 한 번 되돌아갈 수 있다면, 커피가 식기 전 그 짧은 시간 누굴 만날까. 하루를 앞당기거나 뒤로 미루었다면 달라졌을 삶은 있을까. 62년 전, 엄동설한에 트럭이 전복되어 강물에 빠진 아버지를 건져 올린 날은 세상도 꽁꽁 얼었다. 아버지는 팔 베고 누워 잠든 나를 떼놓고 장사를 나갔다. 내 몸 열꽃이 더 심했더라면, 아버지는 보채는 나를 끌어안고 하루 장사는 쉬었을지도 모른다.

 아버지와 헤어지던 그 장소다. 아버지가 마당에서 환하게 웃으며 초로의 딸을 바라본다. 다섯 살 아이는 할머니가 되었지만 아버지는 스물여섯 청년 그대로다. 무슨 말을 할까, 어떤 말이 하고 싶었던가. 반세기를 건너뛴 시간이 부녀 사이를 침묵으로 막아선다. 어느새 커피는 식어

간다. 과거로 돌아간다 해도 바뀌지도 바꿀 수도 없는 일, 유령으로 변하기 전 서둘러 과거에서 빠져나온다.

누구나 되돌아가고 싶은 순간이 있다. 과거에 집착하여 빠져나올 타이밍을 놓친 여자는 유령이 되었다. 과거는 오래 머물지 않고 커피 한 잔이 식기 전쯤 시간이면 적당한지도 모르겠다.

돌아가고 싶은 과거가 있나요? 당신은 누굴 만나고 싶나요? 푸니쿨리 푸니쿨라 마법의 카페로 가보세요. 그러나 뜨거운 커피 한 잔이 식기 전 과거에서 빠져나와야 한다는 것, 그건 꼭 명심하세요.

식이 아부지

쩍, 날카로운 파열음이 아침 공기를 가른다. 무섭게 떨어지는 도끼 소리에 완강하던 나무토막이 반쪽으로 갈라진다. 말끔하게 패배를 인정하는 모양새가 보기만 해도 통쾌하다. 식이 아부지는 아침마다 장작을 팬다. 삼백예순 날 해뜨기 전으로 맞춰진 식이 아부지의 기상, 골목 사람들에게 장작 패는 소리는 아침 기상나팔이다. 나무가 맨살을 드러낸 채 널브러진 마당에서 몽실이가 뛰어나온다. 차만 보면 앙칼지게 짖어대는 몽실이가 꼬리를 흔들며 반기자 식이 아부지 눈이 따라와 마주친다. 헛기침 한 번으로 눈인사를 건넨 식이 아부지가 호흡을 가다듬고 다시 도끼를 내리친다.

　식이 아부지는 말을 듣지도 하지도 못하는 언어 장애인이다. 그는 몸이 불편한 아내와 우리 시골 앞집에 사는 이웃이다. 식이는 막내아들이며 자식 셋 중에 식이란 발음이 가장 분명해서 사람들은 식이 아부지라 부른다. 그들 부부는 한글도 수화도 배운 적이 없다. 그의 말은 형태를 갖추지 못한 소리에 불과하다. 그러나 그는 아내뿐 아니라 이웃과의 소통에도 별문제가 없다. 목구멍에 걸려 부러진 듯한 그의 말은 외래어보다 어렵고 난해하다. 가끔 동문서답하는 나를 향해 머리 위에 동그라미를 그리지만 정작 답답한 건 나다. 그는 내가 하는 말을 다 알아듣는다. 그는 대화할 때 상대를 뚫어져라 바라본다. 입 움직임뿐 아니라 표정과 눈빛으로 상대 마음을 읽는다.

　그는 자주 헛기침을 했다. 말이 되지 못한 소리가 밭은기침으로 터져 나온 걸까. 식이 아부지 헛기침은 내면의 말이 목을 통과하면서 산화된 언어인지 모른다. 시골에 살 때다. 어느 날 술 취한 식이 아부지의 혀 꼬부라진 소리가 담을 넘어왔다. 한 음절씩 툭툭 내뱉는 소리는 도통 알아들을 수 없었지만 울분이 느껴졌다.

"이 가뭄에 모심기할라꼬 가둬 논물을 밤새 누가 다 빼 버릿다 아이가."

고주망태가 된 남편을 방으로 떠밀며 그의 아내가 말했다. 남편의 삭이지 못한 울분을 아내가 한바탕 욕으로 대신하자 식이 아부지 목소리가 잦아들었다. 식이 아부지 나무지게가 골목으로 접어들면 어김없이 아내는 솥뚜껑을 열어 밥상을 차리고, 그녀의 눈짓 한 번이면 불편한 아내 다리가 되어준다. 그들은 보이지 않는 곳에 안테나 하나를 세워 놓고 예민한 청각으로 항상 송수신한다.

우리 부부 대화는 늘 삐걱거렸다. 나이를 먹는다고 마음이 넓어지고 생각이 깊어지는 건 아닌 모양이다. 흐르는 시간은 이제 아침에 했던 말도 하지 않은 말이 되어 버렸고 표현 못한 마음은 없는 마음이 되어 버렸다. 하지 말아야 될 말, 참아야 했던 말의 중량을 달아보면 누가 더 무거울까. 인간의 가장 깊은 감정은 침묵 안에 자리한다지 않은가.

그들은 헛기침으로 소통하고 눈빛으로 느낀다. 말이 통

하지 않아 서로의 마음을 더 자세히 들여다보는지 모른다. 식이 아부지가 입 모양 손동작으로 뭔가 열심히 이야기를 한다. 반 토막 난 말을 끼워 맞춰 문장을 만드는 그의 아내를 보며 언어란 입으로 내뱉는 것만이 전부가 아니라는 생각이 든다. 표정으로 마음을 읽고 소리 높낮이로 감정을 알아차린다. 헛기침 소리는 오랜 시간 주고받은 암호화된 그들 부부의 전용 언어가 아닐까. 진정한 소통엔 그리 많은 말이 필요치 않은지 모른다. 문제는 말의 모자람이 아니라 진정성의 정도일 터니.

치켜든 도낏날이 햇살에 반짝 빛난다. 모탕에 올려놓은 나무 둥치가 바짝 긴장한다. 식이 아부지가 숨 고르기를 한 후 내리친다. 수십 년 갇혀 있던 침묵을 깨고 나무는 둥글게 감고 있던 말을 뱉는다. 도낏자루를 세우고 헛기침을 하자 그의 아내가 부엌에서 막걸리 한 병을 내놓는다. 텔레파시가 방금 둘 사이를 통과했다.

열흘 동안

 딸과 여행하기는 버킷리스트 중 하나다. 드디어 꿈꾸던 유럽 여행이다. 내가 더 설레는 건 딸과 단둘이 간다는 사실이다. 딸이 메일로 여행 일정을 보내왔다. 여행지 정보는 물론 무엇을 타고 이동할지, 어느 식당에서 무슨 음식을 먹고 어디에 머물지, 심지어 숙소 주인의 성향까지. 상세하고 꼼꼼한 일정표에 딸의 마음이 어린다.

 큰 가방 하나를 꺼냈다. 내 옷 내 모자 내 화장품, 온전히 내 것들로만 채운 가방 속에 부푼 마음까지 꼭꼭 여며 넣었다. 다시 집으로 돌아오지 않을 것처럼 한 달 내내 짐을 쌌다. 준비물 목록을 하나씩 지울 때마다 불룩해지는 가방은 먹지 않아도 부른 내 배 같았다. 가방을 꾸리면서 이미 여행은 시작되었다.

 로마에 도착했다. 레오나르도다빈치 공항을 벗어나 기차에 올랐다. 차창 너머 짙은 어둠 속으로 비가 내리고 있었다. 후텁지근한 밤공기가 온몸을 휘감는 테르미니역을 나와 예약한 아파트로 향했다. 낯선 밤길을 지도 한 장 들고 찾아가는 딸의 용기가 놀라웠다. 주소지의 숙소는 문이 굳게 닫혀 있었다. 갑자기 눈앞이 캄캄해졌다. 꼼짝없이 로마 뒷골목에 갇히고 말았다. 저만치 오토바이 굉음이 달려오고 무리지어 가는 흑인들 앞에서는 오금이 저렸다. 긴장한 나와 달리 딸은 침착했다. 여차여차 끝에 숙소 주인과 연락이 닿았고 무사히 아파트에 짐을 풀었다. 입이 있어도 말을 못하고 발이 있어도 혼자 움직일 수 없는 상황에서 딸은 내 보호자였다.

 피렌체 민박집에서 우리처럼 여행 온 모녀 커플을 만났다. 우리와 각각 또래로 보이는 그들은 엄마와 딸이 함께 다니는 것이 아니라 각자 알아서 여행을 다닌다고 했다. 궁금해서 물었다. 같이 다니지 않으면 엄마가 걱정되지 않느냐고. 의견 충돌로 자주 다투어 따로 다닌단다. 강아지처럼 딸 뒤를 졸졸 따라다니는 나와 비교하니 낯선 곳을 혼자서 여행할 수 있는 엄마 배짱이 멋져 보였다.

 적과할 시기를 앞두고 떠난 여행이었다. 베네치아로 향하는 기차에서 내다본 들판은 초록 물결이었다. 넓게 펼쳐진 초원을 보니 아름다운 풍경보다 농부가 감당할 힘든 노동이 먼저 떠올랐다. 훌훌 가볍게 털고 다니자더니 예까지 와서 집 걱정이냐고 딸이 핀잔을 한다. 말투가 거슬리지만 눈치 없이 굴어 국제 미아가 되기는 싫었다.

 한 달째 여행 중이라는 젊은이들을 베네치아에서 만났다. 곤돌라 투어를 하며 대화를 나눴고, 젊음은 붉은 노을 속에서도 빛났다. 곤돌라를 같이 탄 인연으로 저녁 식사를 함께했다. 한 친구는 돈을 벌면 먼저 여행 계획을 세운다 했다. 서른 살까지 가고 싶은 곳을 여행한 후 자신의 일을 갖겠다는 청춘의 꿈이 부러웠다.

 열흘 동안, 딸과 함께했다. 먹고 자고 한 몸처럼 붙어 보낸 시간, 이리 긴 시간을 같이 보낸 적이 있었던가. 이미 한 번 다녀왔지만 딸이 나를 위해 또 선택한 여행지다. 엄마와 딸. 말하지 않아도 통하고 느낌만으로도 교감하는, 세상에서 가장 친밀한 관계가 아닌가.

  웅장한 건축물과 수많은 문화유산을 보았다. 포로로마노 언덕에 불어오던 바람과 풍경 그리고 그곳에서 살아가는 사람들을 만났다. 오롯이 나를 위해 열흘을 보냈다. 모든 걸 비우고 떠났다가 마음 깊이 새로운 생각들을 채우고 오는 게 여행이라면 내가 담아 온 생각은 과연 무엇일까.

  여행이란 새로운 풍경을 보는 게 아니라 새로운 눈을 갖는 것이라 했다. 낯선 곳에서 자신을 더 선명하게 들여다보고 스스로를 위로하고 보듬는 게 여행이리라. 딸과 함께한 열흘이란 시간으로 내 남은 삶을 조금 더 깊게 들여다볼 수 있기를 바라며 버킷리스트를 하나 지운다.

감재가 우슬따

 저장해둔 씨감자를 꺼냈다. 마당으로 몰려나온 감자가 날 선 칼날 앞에서 바짝 긴장을 한다. 혼곤한 잠 속에 빠져 있던 감자는 눈을 번쩍 뜨고 두리번거리지만 이내 받아들이겠다는 듯 결연하다. 순명을 다한 시간 앞에서 초연함을 잃지 않는 당당함이라니. 감자를 손바닥에 올려 씨눈을 중심으로 두세 조각으로 자른다. 칼자루를 쥔 내 오른손에 의해, 칼이 지나는 방향에 따라 삶이 분리된다. 한 알 감자의 생이 끝남과 동시에 다른 삶이 시작되는 준엄한 순간이다. 몸이 쪼개진 씨감자는 이제 밀알이 되어 스스로 썩기 위한 묵언수행을 그 어두운 땅속에서 시작한다. 식물들은 대부분 모체에서 분리된 씨앗으로 종족번식을 하지만 감자는 자신의 몸 일부를 떼어 후세를 이어 간다. 흙은 끝내 강퍅함마저도 다 품어 순하고 여린 싹을 밀어 올린다. 유월 대지가 무성한 생명력으로 뿌리를 키우면 여름은 주렁주렁 달린 감자를 캐면서 시작된다.

해토머리에서 가장 먼저 시작하는 것이 감자 심기다. 땅이 녹고 날씨가 풀리면 서둘러 감자를 심는다. 장마 오기 전 적기에 수확하려면 이른 봄 일찍 심어야 한다. 하지만 요즘처럼 기상이변이 빈번할 때는 이른 감자 파종으로 돋아난 감자 싹이 얼어 죽는 경우도 있다. 그러니 파종 시기 저울질은 늘 불안불안하다.

며칠 전 내린 비로 질척하던 땅이 포슬포슬해졌다. 손에 흙 한 줌을 쥐어본다. 차진 흙의 감촉이 부드럽다. 손가락 사이를 비집고 새싹이 돋아날 것 같다. 산비탈 참나무 가지를 더듬던 햇살이 밭머리까지 내려왔다. 이웃 과수원에는 일꾼 서너 명이 과목을 전정하는 '찰그락 슥슥' 경쾌한 가위 소리가 봄볕에 맞춰 왈츠를 추는 듯하다.

해마다 감자를 심지만 겨우 자급자족 수준이다. 매년 어머님이 빈 밭 한 귀퉁이에 두어 이랑 심었는데 올해는 우리 내외가 직접 심기로 했다. 밭을 갈아 거름을 주고 비료도 뿌리고 골을 타서 두둑을 만들었다. 흙을 끌어올려 이랑을 지어 감자 씨를 묻고 비닐을 덮었다. 흙을 덮고 그 위에 비닐까지 씌워 주니, 포근한 솜이불에 난방까지 완벽한 보금자리를 마련해 준 듯해 절로 마음이 뿌듯하다. 마늘밭을 둘러보시던 어머님이 흑죽학죽하는 게 못 미더우신 듯 호미를 들고 오셔 비닐 위에 골을 타고 앉는다. 직접 감자를 심을 요량이시다.

"감자 씨는 어딧노?"

"벌써 다 심었는데요."

비닐까지 덮었다며 말끔한 마무리를 은근히 자랑했다.

"쯧쯧, 아이고 답따븐 사람들아. 꺼먼 비니루 속에서 감자 싹이 어째 올라 오노."

아뿔싸! 비닐 위 구멍을 뚫어 감자를 심어야 하는데, 감자를 심은 후 비닐을 덮었으니 순서가 바뀐 것이다. 지극히 기본적이고 단순한 것조차도 모르는 한심한 아들 내외가 어이없다는 듯 혀를 차신다.

퇴직 후 남편은 매일 밭에 간다. 얼치기로 짓던 농사를 제대로 한번 해 볼 생각인 것 같다. 과수원도 벅찬데 남의 손에 있던 논까지 되돌려 벼농사까지 짓겠다고 할 때는 내게 돌아올 일이 두려워서 말렸다. 출근하듯 밭에 가는 그를 따라갈 때마다 내 불평도 따라나섰지만, 갑자기 헐거워진 시간을 채우기 위한 나름의 방편인 듯해 더는 만류할 수가 없었다.

 특별히 할 일이 없어도 누가 기다리기라도 하는 것처럼 남편은 하루도 거르지 않고 밭에 간다. '젊어서는 일이 하기 싫어 안 했고 지금은 힘이 모자라 못 하겠다'며 농사의 힘겨움을 토로하지만 그는 밭에서 보내는 시간을 즐기는 듯하다. 이른 봄부터 흙을 고르고 나무를 심느라 얼굴은 검게 그을었지만, 사과나무를 들여다보며 생각에 잠긴 모습이 사뭇 진지하다. 문득 농부라는 이름이 그에게 참 잘 어울리는 옷처럼 자연스럽다는 생각이 든다.

 비닐을 걷어내고 흙을 파헤쳐 씨감자를 주워 모았다. 묻힌 감자가 호미 끝에 달려 나올 때마다 어머님의 추임새가 따라붙는다.

"감재가 우슬따."

"올해는 감자를 두 번 심었으니 수확도 두 배가 될 것 같은데요."

고부가 나누는 대화를 못 들은 척 딴청을 피우며 남편은 흥얼흥얼 노래를 부른다.

"초가삼간 집을 짓고… 흙에 살리라~"

두둑을 만들고 비닐을 덮은 후 다시 씨감자를 묻었다. 정중동의 들녘, 감자의 숨소리가 고르게 밭이랑으로 퍼진다. 욕망의 끈을 놓을 줄 아는 사람만이 진정으로 행복해질 수 있다고 했던가. 흙 속에서 자신을 죽여 싹을 틔우는 감자처럼 비워야 채워지는 삶의 이치를 다시 한 수 배운다. 남은 생, 채우려 안달하지 말고 비우며 소박하게 살자.

겨울 주산지

　절골을 내려와 주산지 가는 길은 한적하다. 버드나무 발 담근 겨울 주산지, 왕버드나무는 묵언수행 중인가. 마주 보고 선 나무 사이에 침묵이 흐른다. 서로에게 가닿는 애틋한 눈길 때문일까, 조용한 수면 위로 일렁이는 그림자. 시간의 흐름을 그리움의 깊이로 잰다면 저들에겐 얼마나 긴 줄자가 필요할까. 수백 년을 그저 바라만 볼 뿐 손 한 번 잡지 못하는 나무. 기웃대도 닿지 못하는 안타까움에 겨울 주산지는 외롭다.

　새들이 앉았다 떠난 빈 가지에 바람이 지나간다. 바람길만 열어 두고 동면에 들었나 아무도 찾는 이가 없다. 단풍

곱던 날 그 많던 사람들은 다 어디로 갔을까. 오솔길을 따라 걷는데 저만치 늙은 버드나무 뒤로 사람이 보였다. 집을 나선 후 종일 사람 구경을 못했다. 유일하게 만난 생면부지 낯선 이에게 갑자기 손이라도 잡고 싶은 반가움이 일었다. 외투도 걸치지 않은 허름한 차림의 남자는 바지 주머니에 손을 찌른 채 서 있었다. 주산지 풍경을 잘 조망할 수 있는 곳에 서 있는 남자, 겨울 주산지를 배경으로 서 있는 남자, 그대로 한 폭 풍경화다. 물속에 잠긴 버드나무를 뚫어지게 바라보는 남자의 성근 머리를 바람이 달려와 흩트리고 지나간다. '너만 외롭냐 나도 외롭다'라고 목울음을 훌쩍이는 것 같다. 문득 남자는 마음 놓고 울 공간이 필요했을지 모른다는 생각이 들어 자리를 피했다. 집으로 오는 내내 초로의 남자 뒷모습이 떠올라 가슴이 시렸다.

해거름에 서쪽 하늘을 바라보면 왠지 쓸쓸해진다. 새 한 마리가 하늘을 날아가는 걸 봐도 울컥 슬픔이 치밀 때가 있다. 먹이를 구하기 위해 힘차게 비상하는 새를 보면서 혼자 떠도는 새의 외로움을 생각한다. 깃들 곳이 있을까, 날이 저물기 전 둥지를 찾아갈 수는 있을까. 이런 걱정을 하는 사이 새는 사라지고 끝 모를 서러움만 남는다. 집집마다 불이 켜질 때 불 꺼진 집에 홀로 앉아 기다리던 시간은 무섬증에 꼼짝할 수가 없었다. 엄마는 어디서 무얼 하는지 저물어도 돌아오지 않았다. 어둠이 집어삼킬 듯 노려보는 방 안은 숨소리조차 낼 수가 없었다. 엄마를 기다리다 지쳐 잠든 시간, 그런 기억을 떠올릴 때마다 내재된 슬픔의 원형을 만난 듯 아프다.

외로움도 내성이 생긴 걸까. 때론 혼자 있을 때가 편하다. 어려서부터 혼자 있는 것이 익숙한 탓인지 사람들 북적거리는 곳에 가면 뭔가에 눌린 듯 답답했다. 그런 날은 집에 돌아와도 귓속에 벌떼가 윙윙 날아다니는 것 같았다. 낯선 객지에서 혼자 살아도 어머니는 한 번도 오지 않았다. 사랑을 의심하고 무심함을 원망한 적 많았다. 내 외로움의 근원은 어쩌면 어린 시절 결핍에서 시작되지 않았을까.

외로움을 두려워 말고 쓸쓸함을 즐기라 한다. 외로움을 느끼는 사람만이 온전한 자기로 성장할 수 있다고도 한다. 가만 생각해보면 그 외로움이 나를 더 단단하게 만들었는지도 모른다. 때론 외로움을 묵묵히 견뎌내는 진중함과 그 쓸쓸함의 울림으로 삶이 그만큼 그윽해지는 것은 아닐까.

 누군들 외롭지 않으랴. 사람들은 각자 자신의 외로움이 더 견디기 힘들다고 호소한다. 인간의 존재적 외로움을 어느 시인은 이렇게 노래했다. '그대가 곁에 있어도 그대가 그립다.'고. 외로움이란 단어를 가슴에 머금으면 바람 한줄기 겨드랑이 속으로 파고든다. 어느 수필가는 혼자 있는 집에서 주방문을 열었을 때 간장병이라도 하나쯤 넘어져 있기를 바란다고 했다. 어느 분은 외로울 때마다 자신의 휴대폰으로 문자를 보낸다고 했다. 오늘 뭐 했니? 점심은 뭘 먹었니? 이렇게 혼자 문자를 주고받다 보면 외로움이 슬그머니 도망을 간다고 했다. 인간은 저마다 외로운 섬이다.

 주산지는 지금 골바람과 맞서고 있다. 뿌리가 드러나고 가지가 부러진 나무가 허리를 일으켜 세우지 못해 산 바닥에 누워 있다. 그래도 겨울의 긴 터널을 빠져나오면 저쯤에서 빛나는 연두와 싱그러운 초록이 기다릴 것이다. 남편이 날씨도 춥고 볼 것도 없으니 가자고 재촉한다. 함께여도 각자 섬을 배회하던 우리, 배를 타고 섬을 빠져나왔다.
주산지의 쓸쓸한 바람 소리가 외로이 뒤를 따라온다.

깨 쏟아질 날

올해만큼 참깨를 옹골차게 거둔 적은 없었다. 수확의 기쁨으로 치자면 참깨만 한 것이 있을까. 마른 깻단을 거꾸로 세워 막대기로 두드릴 때 '쫘르르' 쏟아지는 소리는 농부만이 느끼는 짜릿함이자 쾌감이다. 뽀얀 알갱이가 곤두박질친다. 병아리 눈물만큼 작고 깃털처럼 가벼운 씨앗 하나가 이룬 결과물은 이처럼 위대하다.

올 참깨 농사는 오롯이 내 몫이었다. 어머님이 하던 일을 옆에서 도와드렸지 직접 맡아 하긴 처음이었다. 심고 솎고 베기까지 일련의 과정을 거쳐 터는 작업까지 마무리를 했다. 열 사람 지은 농사 한 사람이 거둔다는 말이 있다. 가꾸는 일에 비해 추수가 수월하다는 말이긴 하지만 거둬들이는 즐거움으로 힘듦도 잊는다는 의미도 담겼다. 서너 물 턴 참깨가 다섯 말은 됨직해 보인다. 저울 위에 참깨 자루를 올려 흘린 땀의 무게를 잰다. 마당에 비닐 포장을 펴고 참깨를 넌다.

"아이구, 선무당이 사람 잡는다더니, 깨 농사지은 거 좀 보래이."

"내외가 밭에 살더니 깨가 쏟아졌구만."

이웃집 형님이 마당을 기웃거리며 우리 내외를 향해 농담 한마디를 던진다.

"기름병 갖다 대소."

넉가래질하던 남편이 맞받아 너스레를 떤다. 농사일을 하며 우리 내외는 다툴 일이 많았지 깨 쏟아질 일은 없었다. 그러나 사과나무 사이 두어 이랑 심은 참깨에서는 정말 깨가 쏟아졌다.

'깨가 쏟아진다!'

깨소금처럼 고소한 말을 들으니 문득 지나간 시간이 떠오른다.

내게도 아득히 멀어진 신혼 시절이 있었다. 마당에 살구나무 한 그루가 서 있던 시골집에서 우리의 신혼이 시작되었다. 신혼 방은 장롱 하나가 반을 차지했다. 두 사람이 겨우 누우면 발치가 문에 닿아 문고리를 걸지 않은 날은 마당 살구나무 가지가 방 안까지 들어오기도 했다. 격일제로 근무하던 새신랑은 아침에 출근하면 다음 날 아침 퇴근을 했다. 아침마다 부엌 앞 펌프처럼 목을 빼고 기다리던 새댁, 철대문 미는 소리가 들리고 살구나무 아래를 걸어 들어오던 남자. 그 남자의 걸음 소리에 맞춰 뛰던 가슴은 신혼 기억의 한 자락이다.

깨를 볶을 만큼 재미있는 일도, 여느 신혼부부처럼 닭살 돋을 일도 없었지만 지금 생각하면 그때가 신혼이었던가 싶다. 청춘이 청춘인 줄 모르고 지나가듯 신혼도 신혼인 줄 모른 채 지나간다. 그리 시간이 흐르면 모든 그리움은 추억이란 이름으로 기억된다.

주변에서 들리는 말로는 내 짝은 백번 넘는 맞선 끝에 나와 만났단다. 사실이라면, 수많은 연을 건너 이룬 깨알 같은 인연이거늘 깨를 볶으며 살지 못 했다. 그는 전형적인 경상도 사나이에 무뚝뚝한 안동 남자다. 투박한 말투에 말본새마저 없으니 깨 볶을 일은 애당초 기대할 수 없었는지 모른다. 나는 내 방식으로 상대방을 길들이려 했고 남편 역시 자기 방식대로 따라오길 강요했다. 정서가 다르고 생각이 다름을 인정하지 못하고 사사건건 부딪쳤다.

참깨 키가 자랄 때마다 대궁에 하나씩 꼬투리가 생긴다. 대궁에 촘촘히 달린 꼬투리 속에는 여문 참깨가 소복하다. 익고 여무는 데는 얼마나 많은 시간이 필요한가. 폭염을 견디고 태풍과 맞서며 열매는 하루하루 영글어간다.

산다는 것도 마찬가지다. 남편은 외골수이자 무덤덤한 성격의 남자다. 생일이나 기념일을 챙기지 않아 속상해하거나 늘 혼자 안달복달하다 제풀에 나가떨어지곤 했다. 작은 것에도 민감한 나는 황량한 가슴에 바람길 하나 내고 산다.

결혼이 깨 쏟아지듯 즐겁고 재미있기만 하랴. 그동안 눈빛만 봐도 상대를 알 수 있을 만큼 서로에게 길들여졌다. 날선 마음이 무뎌지고 알량한 자존심도 꼬리에 힘이 없다. 서로에게 길들여진다는 건 양보하고 단념하며 산다는 것의 다른 표현인지도 모른다. 사랑하기에 필요한 존재가 아니라 필요하기에 함께 가는 존재가 되었다고나 할까. 마당의 참깨를 그러모은다. 볕에 바짝 마른 참깨, 남은 물기마저 날려 보내니 한결 가볍다. 남은 시간, 참깨처럼 여물어 깨 쏟아지게 한번 살아 봤으면. 고소하고 달달하게.

어머니의 보따리

 시골집은 방이 두 개다. 한 칸은 어머니가 기거하시고 한 칸은 곡식이나 여러 잡동사니를 보관하는 창고로 사용한다. 추수가 끝나면 장에 내다 팔 곡물과 이듬해 씨앗으로 필요한 것을 쓰임에 따라 분류해 보관해 두는 장소다. 온갖 잡곡들이 자루나 비닐포대에 담겨 있고 한쪽 구석에는 시골살이에 필요한 허접스런 물건들이 자리를 차지하고 있다. 집채만 한 이불 보따리부터 농사철에 입는 일복까지 온갖 보따리로 발 디딜 틈이 없다. 지푸라기 하나도 버리지 않고 싸 두는 건 어머님의 보관 방법이다.

 방 윗목에 보따리 하나가 덩그러니 앉아 있다. 며칠 전

어머님이 들고 온, 네 귀를 서로 맞잡은 분홍색 보자기다. 마치 분홍 나비 한 마리가 살포시 앉은 듯 매듭진 그 보따리 속에는 속옷과 약봉지 그리고 로션과 빗 등 늘 곁에 두고 쓰는 물건이 들어 있다. 세수하고 로션을 바를 때나 약을 꺼낼 때마다 매번 풀었다 묶는 것이 번거로워 보여 넣고 꺼내기 쉬운 맞춤한 상자 하나를 준비해 드렸다. 그러나 한사코 당신 물건은 보자기에 싸 보관하신다. 낮에는 거실 한쪽 구석이나 방 윗목에 두었다가 밤이 되면 어머님 잠자리 머리맡으로 옮겨 놓는다.

어느 때부터 어머님 행동이 이상하다고 느꼈다. 방에 쥐가 들어와 잠을 잘 수가 없다고 하시더니 급기야는 방 안에 낯선 사람들이 진을 치고 있다며 쫓아 보내라고 했다. 전화를 받고 한밤중에 달려가길 여러 번, 그때마다 초점 잃은 눈빛은 정상이 아니었다. 시골에 혼자 둘 수 없어 아파트에 모시려 해도 극구 집을 떠나지 않으려 하신다. 점점 상태가 심해지자 완강하게 버티던 어머님도 끝내 고집을 꺾고 보따리 하나를 들고 차에 올랐다.

아파트로 거처를 옮긴 후에도 어머님 증상은 계속되었

다. 밤마다 환시에 시달려 악몽 같은 밤이 이어졌다. 우리 내외는 잠시도 어머님 곁을 떠날 수가 없었다. 환각 속을 헤매는 어머님, 기억 회로가 뒤엉켜 오류가 생긴 것이다. 지난 일은 또렷한데 현재 상황을 인식하지 못해 황당한 이야기만 늘어놓는다. 아니라고, 보이는 건 다 헛거라고 아무리 설명해도 소용이 없었다. 점점 증상이 악화되어 소통할 수 없는 상태가 되었다. 간간이 맑은 정신이 돌아오면 어김없이 보따리를 찾았다.

눈앞에 보따리를 확인해야 안심을 하고 보이지 않으면 누가 훔쳐갔다며 사방을 찾아다녔다. 그렇게 찾은 보따리는 이불을 덮어 숨겨 놓고 위에 묵직한 책을 눌러 놓기도 했다. 신줏단지처럼 모셔 놓은 보따리, 고장 난 비디오테이프처럼 풀고 묶기를 무한반복한다. 왜 보따리에 저렇게 집착하는 걸까. 무얼 묶고 무얼 풀고 있는지, 여든 넘은 생의 보따리 속에 싸놓은 것은 무엇일까.

어머님은 스물세 살에 홀로되었다. 시어른은 행여 며느리가 팔자를 고치려 보따리를 쌀까 봐 전전긍긍했다. 유골이 되어 돌아온 아들을 전쟁 통에 북으로 쫓겨 갔다고 믿으며 돌아오길 기다렸다. 그렇게 기약 없는 기다림의 세월은 이어졌다. 결혼한 이듬해였다. 어머님은 낡은 보따리 속에서 고이 접어 둔 전사통지서를 며느리 앞에 꺼내놓으며 제사를 모시자고 하였다. 어머님은 정성껏 제물을 준비하였다. 두 분이 재회하던 날 밤 비로소 어머님의 길고 긴 기다림은 끝났다. 그날 밤 어머님의 일렁이는 눈에 고인 물기를 나는 잊지 못한다.

지난밤 불면에 시달리다 잠든 어머님이 새벽녘 이불에 실수를 했다. 보따리를 풀어 갈아입을 옷가지를 꺼낸다. 한참 후 방에 들어가니 굽뜬 손으로 묶고 풀기를 반복한다. 허허로운 저 몸짓, 쉬 떨치지 못하는 삶의 마지막 미련일까. 허물처럼 벗어 놓은 젖은 옷가지를 주섬주섬 주워 들었다. 이젠 하나씩 내려놓을 일만 남았다는 걸 알고 있는지 보따리가 한결 가벼워 보인다. 돌아앉은 어머님 뒷모습이 홀쭉해진 보따리만 하다.

클레오파트라

 짙은 눈 화장이 뇌쇄적이다. 온몸을 금장으로 휘감은 그녀를 바라보는 남자의 눈빛은 무쇠라도 녹일 듯 강렬하다. 인터넷에서 본 클레오파트라 영화포스터다. 엘리자베스 테일러와 리처드 버튼 주연의 '클레오파트라'를 중학교 때 단체 관람한 적이 있다. 그때는 화면 자막을 따라 읽기에 바빴고, 이해할 수 없는 내용도 많아 무척 지루했던 기억이 난다.

 "니 얼굴은 코가 반이다. 니네 아부지 혹 미국사람 아이가."

 어릴 적 옆집 사는 언니가 나를 놀려먹던 말이다. 그럴

때마다 얼른 방으로 들어가 벽에 걸려 있던 거울을 들여다보곤 했다. 피노키오처럼 코를 조절할 수 있다면. 코를 손바닥으로 힘껏 눌렀다 떼도 늘 원상태로 돌아왔다. 깡마르고 까무잡잡한 피부에 주근깨가 다닥다닥 붙은 얼굴은 코가 더 두드러져 보였다. 언니 말대로 나는 내 혈통을 의심했고 코는 외모 콤플렉스의 상징이었다.

열여섯 살, 아릿아릿한 사랑이 영그는 꽃망울 같던 시절이었다. 친구네 집 문간방에는 자취하는 대학생 오빠가 있었다. 오빠는 마당 수돗가에서 교복을 빨아 빨랫줄에 널고 들마루에 앉아 기타를 치곤 했다. 친구랑 몰래 문틈으로 오빠를 훔쳐보고 기타 소리에 맞춰 노래를 따라 부르기도 했다. 알 수 없는 설렘으로 하굣길에 자주 친구 집에 갔다. 평소 말이 없는 오빠가 어느 날 내게 해석이 묘한 말을 던졌다.

"니 코는 클레오파트라 코 같데이."

뜬금없이 던진 그 말의 의미를 붙잡고 밤새 뒤척였다. 코가 예쁘다는 건지 콧대가 높다는 건지, 물어보기도 전에 어느 날 오빠는 문간방을 떠났다. 그 후로 클레오파트라는 외모 열등감으로 주눅 든 나의 자존심을 살려주는 말이 되었다. 콤플렉스가 자존심이 되다니, 알다가 모르는 게 세상일이다.

결혼 전 일이다. 시어머님은 내가 다니던 직장으로 와서 몰래 훔쳐보고 갔다고 했다. 첫인상이 어땠냐고 묻는 아들에게 장래 며느릿감 코가 거슬렸던지 "코는 복코가 잘 산다는데"하셨단다. 콧대가 높아 기 센 여자에게 아들이 휘둘릴까 걱정한 모양이다. 남편은 외아들이다. 어머님은 물론이고 집안에서 남편에 대한 관심과 기대는 각별했다. 특히 시고모님 친정 조카 사랑은 유별났다.

첫아이가 막 돌을 지나 걷기 시작할 무렵이었다. 고모님이 친정 나들이를 오셨다. 아기가 아무리 봐도 친가보다는 외가 쪽인 것 같다며 지 아비를 닮았으면 훨씬 잘생겼을 거라고 목소리를 키웠다. 듣고 있자니 은근히 속이 꼬였다. 갓 돌 지난 아기에게 인물 타령이라니, 요즘은 잘생긴 얼굴보다 훈남이 대세라고 나름 톤을 높여 항변했다.

"아이구 질부야, 말이 났으니 말인데 조카는 보통 인물은 아이데이. 이 근방에 그 인물 따라 올 사람 없다. 신성일 뺨치는 인물 아이가."

어머님까지 가세하여 맞장구를 쳤다. 영화배우를 하고도 남을 인물이라나. 배우급으로 잘생겼다고 생각하는 아들에 못 미치는 며느리 인물을 그런 식으로 비유하고 싶었던 것이다.

신성일을 닮았다고? 무슨 소리야, 이래봬도 난 클레오파트라야. 엄앵란보다 한 수 위인 클레오파트라를 알기나 하는지. 한 꼭지 비틀고 싶었지만 목구멍까지 올라온 말을 뱉지 못하고 결국 삼켰다. 수십 년도 더 지난 일이다. 신성일도 클레오파트라도 세월의 흔적은 지울 수가 없다. 고모님도 세상을 떠났고 신성일 뺨친다던 얼굴에도 깊은 주름이 접혔다.

다시 클레오파트라를 보게 되었다. 화려한 의상과 아름다운 외모, 오만하지만 카리스마 넘치는 표정, 4시간 영상을 이틀에 걸쳐 보았다. 일자 앞머리 아래 짙은 눈 화장은 매혹적인 분위기를 자아냈다. 영화를 보는 내내 유독 내 눈길을 끈 건 코였다. 엘리자베스 테일러의 완벽한 얼굴에 오뚝한 코, 꺾이지 않는 자존심이 저러하였을까. 사랑과 권력을 향한 끝없는 야망은 끝내 죽음으로 이어졌지만, 그 죽음마저도 도도했던 클레오파트라. 독사에게 물려 죽는 마지막 장면을 볼 때는 마치 내 몸속으로 독이 퍼지는 것 같았다. 파스칼의 말처럼 클레오파트라 코가 조금만 낮았어도 세계 역사는 바뀌었을까. 클레오파트라에 견주기는 좀 그렇지만, 내 코도 조금만 더 높았다면 내 인생이 달라졌을까. 아니, 조금 낮았더라면? 엉뚱한 게 문득 궁금하다.

어쩌다 수영

"힘 빼세요."

강사가 입에 달고 하는 말이다. 귀에 딱지가 앉도록 반복해 듣는 고정 레퍼토리다. 도대체 힘을 뺀다는 게 뭔지, 어떻게 해야 힘을 뺄 수 있는지 도통 이해가 되지 않았다. 평영을 배울 때였다. 있는 힘껏 발을 뒤로 젖혀 모아 찼는데 강사가 사람들을 불러 모았다.

"자, 여기 보세요. 뒤로 가지요? 이렇게 하면 절대 안 됩니다."

나는 매번 잘못된 자세의 모델이 되곤 했다. 힘을 빼면 몸이 뜨는데 그 상태에서 밀고 나가야 한단다. 반면교사의 모델이 되고도 여전히 같은 지적이다.

"또 힘이 들어갔네요."

내 몸에 힘이 그렇게 많이 들어가 있는 줄 몰랐다. 물에 빠지지 않으려고 용을 쓸수록 힘은 그만큼 더 들어간다. 늘 그 자리인 수영이 나와 맞지 않다고 생각해 포기하려고도 했지만 그때마다 겁주던 의사 선생님 표정이 떠올랐다. 허리 수술을 받은 뒤 의사는 재발 가능성을 들먹이며 운동 처방으로 수영을 추천했다. 다시 수술대 위에 눕지 않으려면 허리 근육을 강화해야 한다고 부담을 듬뿍 안겼다. 무딘 운동신경에 수영이라니, 무엇보다 사람들 앞에 수영복을 입고 설 자신이 없었다. 오랜 망설임 끝에 결심하기까지는 몇 개월이 지났다. 수영복을 사고도 또 몇 달을 흘려보냈다.

발차기로 시작하여 네 가지 영법을 익히기까지는 수개월이 걸렸다. 같이 시작한 수강생들을 따라잡기 위해 강습이 끝난 후 혼자 남아 열심히 연습도 했다. 힘을 뺄 줄 알아야 쓸데없는 에너지 낭비를 막고 제대로 속도를 낼 수가 있다는데, 그게 말처럼 쉽지 않았다. 남들보다 물에 적응

하는 기간도 길었다. 물에서 허우적거린 시간이 얼마나 지났을까. 조금씩 물에 대한 두려움이 줄고 몸에 힘도 빠지기 시작했다. 유연하게 물살을 헤치며 앞으로 나아가기 시작했다. 수영이 조금 수월해졌다.

글도 마찬가지다. 물 흐르듯 자연스러운 글, 군더더기 없이 짧게 단문으로 쓴 글이 힘을 뺀 글이다. 고심 끝에 한 단락을 거둬냈다. 공들인 만큼 애정이 가는 단락인지라 붙들고 있었다. 미련 없이 버리고 나니 한결 말끔해졌다. 불필요한 설명을 반복하면 중언부언이 되고, 수식이 과하면 글이 볼품없이 비대해진다. 좋은 글은 빼기에서 시작된다는 말은 언제나 옳다. 간결한 문장 쉬운 문장도 결국 과감하게 버리고 힘을 뺄 때 완성된다는 걸 새삼 깨닫는다.

모든 일이 그렇지 않을까. 잘하려고 잔뜩 힘을 주고 애쓸 때보다 힘을 빼고 하다 보면 의외로 술술 풀리기도 한다. 어쩌면 삶도 빳빳하게 들어간 힘을 빼는 과정인지 모른다. 허세를 부리며 타인의 시선에 신경을 쓰느라 잔뜩 힘을 준 채 살고 있는 건 아닌지 돌아볼 일이다.

수영을 하면서 물에 대한 두려움과 삶에 대한 공포가 서로 닮았다는 생각을 한다. 수영도 삶도 두려움을 견디고 공포와 맞서며 앞으로 나아간다. 수영은 여럿이면서도 혼자 하는 운동이다. 레인 하나에 몸을 맡겨 외롭게 혼자 헤엄을 치기도 하지만, 때로는 뒤따라오는 사람과 속도를 맞춰야지 도중에 멈추지 못한다. 수영도 삶도 철저히 힘을 빼야 앞으로 나아가기가 수월하다. 출발점으로 되돌아온다는 것 역시 둘이 닮았다.

  수영을 시작한 지 십 년이 넘었다. 입과 코로 먹은 물과 실력이 비례한다는데 먹은 물에 비해 실력은 턱없이 부족하다. 몸이 물먹은 솜처럼 무거운 걸 보니 아직도 힘이 덜 빠진 게 분명하다. 내 몸에선 언제쯤 힘이 쫙 빠질까.

동백

 친구가 이승을 떠났다. 예기치 못한 사고였다. 특별히 친하게 지내거나 각별한 사이는 아니었지만 친구의 부음은 충격이었다. 며칠 전 들어 귓전에 맴도는 그 목소리를 다시는 들을 수 없다. 믿기지 않는 현실이었다. 어제 멀쩡했던 사람을 주검으로 만나다니, 스치듯 지나가는 삶의 허망함을 새삼 느끼며 빈소를 찾았다. 잠시 여행을 떠났을 거라며 현실을 부인하는 유족 앞에 어떤 말이 위로가 되겠는가. 유족의 비통함을 아는지 모르는지 영정사진 속 친구는 꽃처럼 환하게 웃고 있다.
 입춘이 지났는데 바람 끝은 맵다. 절기는 봄의 문턱을

넘어섰지만 겨울은 아직 문밖을 서성인다. 우리 집 베란다에는 아담한 동백 화분 하나가 있다. 처음 동백을 들여놓았을 때, 행여 추위에 얼지 않을까 하는 염려로 따뜻한 거실로 자리를 옮겨주었다. 하지만 맺혔던 봉오리는 꽃도 피기 전에 다 떨어져 버렸다. 미처 피지 못한 동백꽃 눈물이 바닥을 흥건히 적셨다.

동백나무는 겨우내 도도하게 꽃망울을 매달고 있다. 꽃 한번 피우지 못할 걸 왜 봉오리는 저리 많이 만들었는지. 제대로 먹이지 못하는 가난한 집 궁색한 살림 같아 측은함마저 들었다. 동백은 몇 년을 그렇게 하혈과 난산을 거듭하며 속절없이 세월만 보냈고, 나는 꽃은 포기하고 넉넉한 잎이나 두고 보자며 베란다에 방치했다.

바로 그 해, 베란다 한 귀퉁이에서 숨죽이고 있던 동백에서 미세한 떨림이 감지되었다. 동백이 붉은빛을 띠며 부풀어 올랐다. 가지와 잎에는 윤기가 오르고, 임부 젖꼭지 같은 꽃봉오리가 터지기 시작했다. 동백의 선물꾸러미는 푸짐했다. 무채색 겨울이 붉게 변하고, 단조롭던 일상이 풋풋해졌다. 진녹색 잎사귀와 사이사이 핏빛 꽃송이의 대비, 산뜻

한 색감의 조화가 어우러진 베란다가 환해졌다.

 실내보다 바람이 드나들고 볕이 지나가는 베란다가 제자리인 것을 몰랐으니…. 내 무지의 소치가 미안하고 부끄러웠다.

 실내에서 동백을 키우는 일이 까다롭고 번거롭지만 붉은 순정과 열정이 좋아 곁에 두고 있다. 팥알 같은 봉오리가 맺히면 기다림이 시작된다. 진홍빛 입술 달싹거리며 꽃문이 열리고, 지루한 기다림 끝에 만나는 뜨거운 유혹은 강렬하다. 비로소 붉은 드레스 자락을 끌며 화려하게 동백이 등장한다. 열흘 붉은 꽃이 없다고 했던가. 이글거리며 타오르던 꽃송이는 열흘을 넘기지 못한 채 '툭' 하고 목을 꺾으며 꽃물을 쏟아낸다. 생의 미련 따위는 없다는 깔끔한 마무리다.

 한마디 유언도 없이 떠난 친구는 무거운 짐을 벗어 던지듯 훌훌 떠났다. 마치 동백꽃 목이 꺾이듯 이승과 이별했다. '오늘이 지나면 영영 못 볼 것처럼 가족을 대하라'는 말이 자꾸 되뇌어진다. 친구는 삶의 마지막 현관문을 나서며 무슨 말을 했을까. 문밖을 나서면서 다시는 돌아오지 못할 것을 상상이나 했을까. 순간이 생과 사를 가른다. 우리는 한 치 앞도 모르면서 언제나 내일이 기다리고 있을 거라 믿으며 살아간다. 그 내일을 친구는 만나지 못했다. 우리는 가끔 삶의 유한성을 잊고 산다. 오늘이 삶의 끝일 수 있다는 생각은 짐짓 떨쳐버린다.

뜨거운 열정을 삭이며 생을 갈무리하는 동백꽃이 후드득 눈물처럼 떨어져 내린다. 이젠 만날 수 없는 친구, 그 호방한 웃음을 어디서 다시 볼 수 있을까. 작은 시골 동네에서 함께 자란 친구는 순박한 모습만큼 마음도 넉넉했다. 환한 웃음과 넘치는 인정으로 모든 친구에게 호감을 산 친구였다.

꽃자리가 아물기 시작한다. 기쁨도 고통도 지나가는 게 자연의 이치 아닌가. 친구의 죽음도 세월 속에 서서히 묻히리라. 나는 봄을 몇 번 더 맞을 수 있을까. 무심히 보낸 시간을 돌아보니 마음만 급해진다. 동백처럼 열정적으로 살다 아름답고 깔끔하게 마무리하고 싶다. 꽃자리에 초록이 빛난다. 베란다에는 초록 향기가 넘실댄다. 동백이 뜨거운 가슴으로 선홍빛 꽃물을 쏟아내면 나는 꽃물보다 진한 그리움에 흠뻑 젖으리라.

손에 안기듯 잡은 호미의 리드
미컬한 동작과 포슬포슬한 흙의 감촉에 묘
한 카타르시스를 느낀다. 풀을 뽑고 북을 주며
지나치게 촘촘한 건 솎아내기도 한다. 흙을 만질
때는 생각이 필요 없다. 그저 느끼면 된다. 순
정한 어떤 대상과의 교감이랄까. 부드러운
촉감이 편안하다. 호미 끝에 달려온
생각은 다독인다.

2장

어머니, 학교에 가다

적과

탱자나무가 있던 풍경

신박한 정리

밭매다

기차는 지나갔다

조팝꽃

새벽예불

몸으로 우는 감나무

방앗공이

어머니, 학교에 가다

"야야! 시계가 잔다."
"깨우세요. 어머니…."
"밥을 줘야 일나제."

전화로 썰렁한 농담이 오갔으나 정작 어머님의 속내는 그게 아니다. 걸핏하면 멈춰 버리는 벽시계를 고치는 일보다 과외 선생이 필요한 것이다. 건전지를 준비해 시골집으로 갔다. 방문을 열자 어머님이 돋보기를 들어 올리며 접고 있던 다리를 편다. 숙제 중인 상 위에는 공책과 연필이 널브러져 있다. 한판 씨름을 끝내고 쓰러져 누운 글자 옆에는 지우개가루가 수북하다.

어머님의 일상이 바뀌었다. 찾아가는 한글교실이 마을 회관에 찾아온 후부터다. 화투놀이를 하던 손에 연필이 쥐어지고 한글도 배우고 그림도 그리며 구순의 나이에 학생이 되었다. 매주 두 번 학교 가는 날은 말끔하게 옷을 차려입고 곱게 화장도 한다. 지금 어머님은 놓쳐버린 배움의 시간을 새롭게 채워나가는 학생이다. 덕분에 나는 숙제를 봐주고 받아쓰기 연습도 시키는 영락없는 학부모가 되었다.

공책을 펼쳐놓은 어머니의 눈동자가 두려움 반, 호기심 반으로 나를 간절히 바라보신다.

"선상님이 시를 써오라는데 우짜노, 니가 좀 써다오."

잘 쓰지 않아도 괜찮으니 직접 써 보시라고 했더니 정색하며 역정까지 내신다.

"내가 쓸 줄 알면 니한테 부탁하것나."

하기야 시를 쓴다는 건 당신에겐 에베레스트 산을 오르는 것보다 힘들 것이다. 새로운 글자들과 단어들을 정복하려는 어머님의 의지 앞에 돌아서면 잊어버리는 '깜박의 벽'이 버티고 있으니 말이다.

한 번도 내 아이들의 학교 숙제를 대신 해주지 않았던 나다. 어머님이라고 예외일 수는 없다. 대신 어머니가 살아오는 동안 가장 좋았거나 슬펐을 때가 언제였는지 떠올려보라고 말씀드렸다. 예를 들어 어머니의 어머니 이야기, 다시 돌아가고 싶은 시간, 그리고 아버님 이야기도 좋다고 했다. 밖으로 내어놓지 못한 채 기억 속 어딘가에 그리움으로 잠들어 있을 순간들을 생각하니 가슴 끝이 아려왔다.

 며칠 후 밤새 쓴 글을 어색하게 내밀며 내 반응을 살핀다.
 "이래 쓰면 되나?"

 숙제 검사를 기다리는 학생처럼 긴장된 표정이다. 녹슨 머릿속에 갇혀 있던 생각을 글자로 그려낸 흔적이 빼곡하다. 삐뚤한 줄에 매달린 글자는 팔다리가 떨어진 채 기진맥진이다. 어머님 생애 첫 기록물이 활자가 되고 시화로 만들어졌다.

 꽃 피는 봄이 지나고 가을이 오니
 빨갛게 익은 사과가 주렁주렁
 보기만 해도 배가 부르다

계절마다 마음에 품고 피우지 못한 감정들이 시어 마디마디 날개 펴듯 날아다닌다. 글과 그림으로 피어난 어머니의 새로운 봄날 앞에 문학소녀가 따로 없다. 전시회장에 걸린 당신의 시화전 액자를 뿌듯하게 바라보던 어머님. 여느 시인의 모습이 저리 당당할까. 어디에 저런 열정이 숨어 있었을까. 가슴 안에 접혀 있던 시간들을 펼쳐 한 글자씩 더디게 써 내려간 어머니의 생을 마주한 우리 부부는 한참을 말없이 바라보았다.

　전시회가 끝나고 가져온 액자를 남편은 벽 중앙에 걸었다. 삐뚤삐뚤 쓴 글씨에 예쁘게 색칠한 시화 한 점이 어머님 눈높이에 보기 좋게 걸렸다. 가난했던 시절 모진 시집살이를 풀어내고 싶었는지, 젊은 날 떠난 지아비를 향한 사부곡도 적으며 수없이 연습한 지면 위엔 노래가사와 숫자들이 아프게 박혀 있다. 술술 빠져나가는 활자를 붙잡고 얼마나 애를 쓰셨을지 가늠하기조차 애틋하다.

　가끔 글자가 그림이 될 때도 있다. 상관없다. 아직 손으로 연필을 쥐고 지팡이를 짚고 학교에 갈 수 있으니. 아흔 넘어 학생이 되었고 가슴 벅찬 배움이 기다리고 있다는 사실이 중요하지 않은가. 소설 열 권을 채우고도 남을 사연을 담으려면 갈 길이 먼데, 떨리는 손은 생각의 속도를 따라가지 못해 자꾸 흔들린다. 돌아서면 잊어버리는 기억을 붙잡고 책상 앞에 앉아 아픈 다리를 주무르며 색칠한 노트를 내보인다. 엄마 칭찬을 기다리는 아이의 눈빛처럼 반짝거린다.

 시계 건전지를 갈아 끼웠다. 벽시계는 오지게 밥 한 그릇을 먹은 후 묵은 시간을 털어 내고 힘차게 일어났다. 잠에서 깬 시계, 발걸음 소리가 크다. 어머님이 숙제를 시작한다. 무심한 시계는 어머님의 시간을 빠르게 지우며 간다. 종착역까지는 얼마나 남았을까. 남은 시간이 더 따뜻하길 바라며 지금 윤기 흐르는 어머님의 시간을 응원한다.

적과

 정수리로 내리꽂히는 볕이 한여름 못지않다. 가슴 드러낸 들판이 푸름으로 채워지고 물 가둔 논에는 초록 산이 잠겼다. 고개를 들자 계곡을 타고 내려온 바람이 흐르는 땀을 닦으며 지나간다. 이맘때면 농사일이 가장 바쁜 시기다. 모심기하랴 파종하랴 적과까지 시작되니 부지깽이도 나선다는 말이 딱 맞다. 며칠 전부터 우리 밭도 적과를 시작했다. 크지 않은 사과밭이라 품삯도 아낄 겸 식구끼리 하기로 했지만, 적과는 오래전부터 대부분 내 몫이 되었다.

 우리 옆 밭도 적과를 시작할 모양이다. 새벽 인력시장

에서 대여섯 명의 일꾼을 데리고 왔다. '싹둑싹둑' 여러 명이 내는 단음의 경쾌한 가위 소리가 오늘따라 더 생기 차다. 왁자한 일꾼들 소리와 산자락을 내려온 뻐꾸기가 합세하여 조용하던 밭 주변이 시끌벅적하다. 이웃 밭에 질세라 느슨하던 내 손목에 가속이 붙는다. 손놀림이 점점 빨라지자 사과나무가 바짝 긴장한다.

올해는 유난히 사과 꽃이 많이 왔다. 밭머리에 들어서면 구름 같은 꽃향기에 정신이 아득하다.

"올해는 봄이 빠르다 싶더니 꽃이 많이 왔구나."

나무 아래서 풀 뽑던 어머님이 하얗게 떨어지는 꽃을 보고 한 말씀 하신다. 어머님은 사과 꽃을 핀다고 하지 않고 온다고 한다. 처음 들었을 땐 그 말이 의아했지만 만개한 꽃을 바라보는 흡족한 마음의 표현이라는 것을 곧 알게 되었다. 흐벅지게 핀 꽃을 귀한 손님 반기듯 환대하는 그 말이 나는 참 듣기 좋다. 꽃이 많이 왔다는 건 풍성한 수확을 바라는 농사꾼의 소망이 아니던가.

"예, 꽃이 아주 많이 오셨어요."

내 목소리가 나비처럼 팔랑인다. 꽃이 눈처럼 날리는 나무 그늘 아래서 주고받는 고부의 대화가 봄날의 나른함을 몰아낸다.

 꽃잎에 벌이 날아들면 생명이 잉태한다. 꽃자리에 배총단 아기사과가 조롱조롱 달렸다. 사랑의 결실로 이루어진 생명, 위대한 자연의 힘을 보며 경건해지는 순간이다. 촘촘히 달려 있는 초록 봉오리에 가위를 갖다 댄다. 날 선 가위에 푸른 피를 흘리며 참수당한 어린 사과가 머리와 어깨 위로 떨어진다. '투두둑' 닿는 느낌이 제법 묵직하다. 한 주저리에 보통 대여섯 개가 붙어 있는데 중앙과만 남기고 모두 제거한다. 영근 하나를 위해 존재한 것들, 비록 잘려 나가지만 나름 제 몫을 다한 셈이다.

 지난해엔 인공수정을 해도 결실률이 현저히 떨어졌는데 올해는 꽃이란 꽃은 모조리 수정이 되었다. 덕분(?)에 적과 품삯은 늘어난다. 태산처럼 쌓인 일에 지레 겁부터 나니 괜히 벌의 왕성한 번식력만 타박한다. 꽃 많이 왔다며 호들갑이었던 때가 엊그제인데, 쉬 변하는 인간의 간사함이라니. 오월 긴 하루가 가위 소리와 함께 잘려 나가고 나무 밑에는 사과가 수북이 쌓인다.

목을 뒤로 젖혀 빠뜨린 아기사과는 없는지 살펴본다. 미처 발견하지 못해 아기 주먹만큼 굵어지면 맞닿은 부분에 벌레가 꼬여 상하거나 썩기도 한다. 때로는 마른 젖가슴에 달라붙은 어린아이처럼 생육이 부실해 기형과가 된다. 적당한 간격으로 솎아야 알도 굵고 햇볕과 바람이 잘 통해서 해충의 서식도 줄일 수 있다. 적과는 사과농사에서 매우 중요한 작업 중 하나다. 제때 농약을 치고 적당한 습도와 온도를 유지해야 한다. 농사도 끝없는 관심과 사랑으로 돌봐야 하니 자식 키우는 일과 별반 다르지 않다.

무거운 짐을 벗은 나무가 가벼워졌다. 가지가 정리되니 넌출거리는 초록 잎 사이로 바람과 햇살이 시원스럽게 지나간다. 고개 숙였던 가지들은 하늘을 향해 힘차게 손을 뻗고, 가볍게 흔들리는 잎사귀에 초여름 햇살이 반짝인다. 버릴 건 버리고 비로소 제 모양새를 갖춘 나무에서 홀가분함을 느낀다. 고요하면서도 편안하다.

우리는 얼마나 많은 것을 끌어안고 살아가는가. 기대에 못 미치는 자식 때문에 속상해하고 사소한 말다툼에 상처받고 좁혀지지 않는 의견에 답답해하며 세상을 걷고 있지 않은가. 배려와 아량보다는 아집으로 귀를 막고 좁은 마음자리에는 아무도 들이지 못하며 살고 있지 않은가. 쓸데없는 자존심은 남루한 내면을 숨기기에 급급해하면서. 언제쯤 적과를 끝낸 사과나무처럼 가벼울 수 있을까. 버릴 줄 아는 지혜, 넓은 도량은 어쩌면 요원한 바람인지도 모른다.

  따가운 햇살이 초록 나뭇잎에 쏟아져 내린다. 사다리에 올라 내려다보는 들판은 신록이 물결친다. 산등성 참나무 잎이 비를 예고하듯 일제히 뒤집어진다. 내일은 비라도 흠뻑 내려 잠시 허리 곧추세울 시간이라도 주면 좋겠다. 다시 가위를 잡는다. '싹둑싹둑'

탱자나무가 있던 풍경

 첫사랑은 대상에 대한 그리움만이 아니다. 다시 되돌릴 수 없는 순수한 감정에 대한 그리움이기도 하다. 바람이 불면 가슴 밑바닥에 숨어 있던 아픔들이 민들레 씨앗처럼 풀풀 날아오른다. 어디에도 마음 둘 곳 없이 방황하던 사춘기. 온통 회색빛이었던 시간조차 때론 분홍빛으로 채색되기도 한다.

 재를 넘어 등산하듯 등하교를 했다. 새벽밥을 먹고 두어 시간 산길을 걸어 도착하던 학교, 이슬에 흠뻑 젖은 운동화와 책가방. 그 무게만큼이나 고단한 통학 길이었다. 그런 내 고충을 알고 있던 친구가 자기 엄마에게 승낙을 받았다며 함께 있자고 했다. 친구 집은 학교에서 조금 떨어지긴 했지만 재를 넘어 다니는 것에 비하면 꽤 가까운 거리였다.

책가방과 짐 보따리를 챙겨 들고 친구 집 가던 날은 구절초가 무더기로 핀 늦가을이었다. 징검다리를 건너자 신작로가 이어지고 곧 마을 초입이었다. 묵은 짚을 이고 납작 엎드린 초가집 마당가에는 탱자나무가 수문장처럼 서 있었다. 마당에 들어서자 친구 어머니가 따뜻하게 맞아 주었다. 그렇게 친구네 집에서 지내게 되었고 더는 이슬 젖은 운동화를 교실 창가에 말리지 않았다.

친구에겐 고등학생 오빠가 있었다. 친구와 나는 작은 골방에서 지냈는데 옆방에 그가 있었다. 늦도록 꺼지지 않는 불빛은 골방까지 새어 들었고 그 불빛에 뭔지 모를 설렘까지 반짝였다. 마음이란 놈은 가볍고도 무거워 제자리에 뿌리를 내리지 못하는 법. 밤마다 바람에 흔들리는 불빛처럼 간간이 문창호지에 비친 그림자가 내 마음을 흔들었다. 밤하늘 별을 바라보듯 닿을 수 없는 이성에 눈을 뜨기 시작한 것도 그때쯤으로 기억된다.

봄날이었다. 혓바닥이 시커멓도록 진달래를 따 먹고 집으로 가는 길이었다. 친구가 발걸음을 멈추고 앉아 손가락만 한 꼬챙이로 바닥에 글자를 썼다.

'집에 가기 싫다.'

친구는 고개를 숙인 채 지긋지긋한 가난이 싫다며 얼른 어른이 되어 가난에서 벗어나고 싶다고 했다. 의아했다. 어둠살 내린 길에 소쩍새 울음이 적막을 깨웠다. 하지만 나는 엄마가 기다리고 있는데 왜 집에 가기 싫으냐고 묻지 않았다. 대신 슬며시 친구 가방을 들어 주었다. 친구는 아픈 아버지와 약한 몸으로 농사일에 지친 어머니를 보고 있으면 막막한 현실이 답답하다고 했다. 구질구질한 가난조차도 부러워하고 있다는 걸 친구는 알았을까. 친구 아버지 기침 소리가 골목길까지 나왔다. 까만 부엌에는 머릿수건을 쓴 어머니가 늦은 저녁밥을 짓고 있었다. 두레상에 앉아 저녁을 먹는데 갈라진 구들 틈으로 들어온 매운 연기 때문인지 자꾸 눈물이 났다. 따뜻한 밥도 마음의 허기까지 채워 주지 못한다는 걸 어슴푸레 알았다.

두 사람이 누우면 딱 맞는 작은방, 미닫이문 하나를 사이에 두고 안방에서 수시로 친구 아버지 기침 소리가 넘어왔다. 점점 나빠지는 아버지 건강으로 집안에 무거운 기운이 감돌았다. 하숙비치곤 턱없이 부족한 사례임을 알지만 할머니가 머리에 이고 온 쌀 한 말을 건넸다. 작은 보따리와 책가방을 들고 할머니와 함께 친구 집을 나왔다. 노르스름하게 탱자가 익을 무렵이었다.

 기억은 풀렸다가 되감기며 재생되지만 때로는 소멸되기도 한다. 누구에게나 기억 한 페이지에 지워지지 않는 문신처럼 남아 있는 장면이 있다. 기억이란 시간이 아니라 장소일지 모른다. 내겐 탱자나무가 있던 풍경이 그런 장소다. 시간이 흘러도 풍화되지 않는 풍경의 문신이자 기억의 문신이다.

신박한 정리

 정리된 집을 보는 날이다. 눈을 가렸던 손을 떼자 달라진 거실이 펼쳐진다. 가구를 재배치하고 불필요하게 쌓아 둔 물건을 버리니 넓은 공간이 생겼다. 복잡하고 답답했던 집이 환골탈태해 깔끔하게 정리된 집이 새롭게 탄생하는 순간이다. 가족들은 눈물까지 보이며 감격한다. 요즘 즐겨보는 인기 예능 티브이 프로 '신박한 정리'의 한 장면이다.

 이 프로를 볼 때마다 눈은 반사적으로 집안을 스캔한다. 낡은 소파와 먼지를 뒤집어쓴 채 한자리를 차지한 실내 자전거, 색 바랜 거실장, 구석구석 묵은 짐이 나를 바라본다. 다 갖다 버려도 하나 아까울 것 없는 후줄근한 것들이다. 싱크대 수납장 속은 어떤가. 한 번도 사용하지 않은 머그잔들이 꼭 껴안은 채 포개져 있고, 상표도 떼지 않은 텀블러는 몇 년째 그 자리에 굳건하다. 일회용기와 위생 팩은 왜 이리 불필요할 정도로 많이 모아둔 건지. 버리기 아까워서, 나중에 필요할지도 몰라서, 언젠가는 쓰겠지 하는 마음이었겠지. 하지만 미뤄 둔 나중은 오지 않았고 고스란히 삶의 군살로 쌓였다.

마음먹고 정리를 결심했다. 쓰지도 않으면서 오래 숨어 있는 물건들은 과감히 버리기로 했다. 옷장 신발장 책장을 뒤져서 나온 물건이 산더미처럼 쌓였다. 몇 번 들었다 놨다 하던 부츠 두 켤레도 끝내 종량제 봉투 속으로 들어갔다. 책 몇 박스는 식용유 두 병 값으로 재활용센터에서 가져갔다. 고구마 열 개 먹은 것처럼 답답하던 속이 조금은 뚫린 듯 시원했다. 비로소 빈 공간이 보이기 시작했다.

오래도록 자주 드나들던 블로그가 있었다. 어느 날부턴가 게시물이 올라오지 않았다. 궁금하여 안부 메시지를 남겨도 기척이 없었다. 습관처럼 블로그를 스쳐 지나는데 방명록에 짧은 글 하나가 올라와 있었다. 블로그 주인이 갑작스런 사고로 유명을 달리했단다. 댓글 몇 개가 조등으로 걸려 애도하는 그곳을 한참 머물다 나왔다. 미처 정리하지 못하고 떠난 흔적이 쓸쓸하게 남아 있던 공간을 떠올릴 때마다 내 블로그를 생각한다.

가상공간 내 집이다. 비밀번호를 누르자 스르르 문이 열린다. 이곳은 끼적여 놓은 글과 사진을 저장하고 좋은 글이나 각종 정보를 보관하는 나만의 비밀 정원이다. 그 많은 좋은 글이 나를 지킬 수 있다고 생각했을까. 뻔질나게 드나들며 부지런히도 퍼 날랐다. 음악을 듣고 글을 읽으며 마음의 안식을 느끼던 곳이다. 어느 날 갑자기 내가 사라진다면 이곳은 어떻게 될까. 나 좋아 사이버 공간에 남긴 기록물이지만 다른 사람에겐 관심이 없을 뿐 아니라 어쩜 천덕꾸러기가 될지도 모른다.

나의 널브러진 흔적이 남아 있는 집에 행여 아이들이 찾아온다면 무슨 말을 할까. 엄마의 흔적을 보고 눈물 한 방울 훔치며 우리 엄마에게 이런 점도 있었나 하며 그리워할까. 유품이 된 블로그를 부랴부랴 정리하며 문 앞에 폐쇄라는 문패를 걸어 놓고 갈까. 오프라인도 모자라 온라인까지 늘어놓고 살고 있었다니. 클릭 한 번이면 사라질 걸 걱정도 팔자지, 신경 쓸 일인가 싶다가도 불현듯 주인 잃은 블로그가 머릿속을 맴돈다.

  살면서 꼭 필요한 건 사랑의 기술이라고 한다. 하지만 더 필요한 건 정리의 기술이 아닐까 싶다. 공간 정리보다 중요한 건 주변 정리일지 모른다. 정기적 모임이 몇 개 있다. 즐겁고 배울 점이 많은 모임도 있지만 정리 타이밍을 놓쳐 어정쩡하게 소속된 모임도 있다. 이젠 복잡하게 얽매던 인연에서 홀가분해지고 싶다. 정리할 것이 물건뿐이겠는가. 주변을 정리하고 마음을 정리하면 삶도 가지런하게 정리되지 않을까.

  많은 사람이 버리는 걸 무척 힘들어하고, 그들이 버리지 못하는 것은 물건이 아니라 추억이라고. 그래서 사연이 깃든 물건을 끌어안고 산다. 하지만 추억도 사연도 적당히 비워야 한다. 때론 비우는 것이 채우는 것이다. 손에 쥔 것을 놔야 새것을 잡는다. 인생은 쌓아가면서 불안해지고 버리면서 완벽해진다고 한다. 최고의 인테리어는 정리라고 했다.

물건을 비우면 공간이 보이고 공간을 비우면 사람이 보인다. 하나둘 정리하면서 내 인생의 소중한 가치를 돌아봐야겠다. 비워서 채우는 노자의 심오한 철학까지야 실천이 버겁겠지만.

밭매다

어둠을 걷어 낸 들판이 고요하다. 농장 초입에 들어서자 눅눅한 새벽 공기가 훅하고 달려든다. 산허리를 휘감은 안개, 오늘도 만만치 않을 더위를 예감하며 농장을 둘러본다. 산 아래 엎드린 우리 밭은 외진 곳이다. 한낮 밭고랑에 앉을 엄두가 나지 않아 요즘은 새벽일을 한다. 어제는 콩밭, 오늘은 참깨밭을 맬 차례다. 이웃 작물에 비하면 소꿉놀이 수준이지만 키우는 과정은 많든 적든 다 같다. 얼마 전 옮겨 심은 참깨 모종이 코를 박고 있다. 맹렬한 기세로 돋은 잡초가 시난고난한 참깨를 누르고 주인 행세를 하고 있다. 초장에 기를 꺾어야지 자칫 때를 놓치면 금세 저들에게 점령당하고 만다.

  밭고랑을 타고 앉았다. 자잘한 풀은 호미 끝을 세워 긁고 큰 풀은 호미를 뿌리 밑으로 집어넣고 손으로 뽑는다. 냉이와 꽃다지는 호미 한번 지나가면 맥을 못 춘다. 쇠비름은 뿌리를 뽑아놓으면 죽은 척하다가 비만 오면 다시 살아난다. 그나마 참비름, 바랭이, 명아주는 고분고분한 편이다. 아주 질긴 녀석은 소루쟁이다. 밭 언저리 습기 많은 곳에 간간이 보이더니 어느새 밭 중앙까지 터를 잡고 앉았다. 담녹색 잔꽃은 꽃인지 잎인지 애매모호하다. 뽑아 올리듯 빠른 성장에 번식력 또한 끝내준다. 크고 길쭉한 잎사귀와 튼튼한 촉대에 깊게 박힌 뿌리는 몇 번 호미질로 잡아당겨도 요지부동이다.

  며칠 전 내린 비로 흙덩이가 부드럽게 손에 감긴다. 바랭이 한 줌 쥔 손가락 사이로 뭔가 꼼지락거린다. 반사적으로 재빠르게 손을 흔들었다. 지렁이 한 마리가 바닥으로 떨어졌다. 저도 놀라고 나도 놀랐다. 동그랗게 오므렸던 몸을 길게 펴더니 황급히 달아난다. 지렁이는 깊은 땅속으로 들어가 흙을 파 올리고 땅을 숨 쉬게 하는 유일한 생명

체다. 아무리 땅을 비옥하게 만들어도 생김새나 움직임이 뱀과 흡사하여 보는 것만으로도 징그럽다. 꿈틀꿈틀 기어가는 지렁이를 한참 들여다보는데 오래전 일이 생각났다.

처음 호미를 잡던 날이다. 어머님이 호미 하나를 쥐어주며 피를 골라 뽑으라고 했다. 벼와 피를 구별하는 것도 어려웠지만 호미질할 때마다 달려 나오는 지렁이 때문에 손이 오그라들어 더 이상 밭을 맬 수가 없었다. 호미에 잘려 두 동강 난 지렁이와 놀라 달아나는 지렁이, 온 밭이 지렁이로 득실거려 금방이라도 발목을 타고 기어오를 것 같았다. 혼비백산한 며느리 호들갑은 가볍게 무시하고 어머님은 태연하게 밭을 매셨다.

무심한 호미질에 반 동강 난 지렁이를 흙 속에 묻어 다독여 주고 다시 밭을 맨다. 솥뚜껑 같은 쇠비름은 머리채 뽑아 내동댕이친다. 손에 안기듯 잡은 호미의 리드미컬한 동작과 포슬포슬한 흙의 감촉에 묘한 카타르시스를 느낀다. 풀을 뽑고 북을 주며 지나치게 촘촘한 건 솎아내기도 한다. 흙을 만질 때는 생각이 필요 없다. 그저 느끼면 된다. 순정한 어떤 대상과의 교감이랄까. 부드러운 촉감이 편안하다. 호미 끝에 달려온 생각은 다독인다. 날 선 생각이 무뎌지고 엉킨 생각도 정리하기에 딱 좋은 시간이다.

 돌아보니 개운하다. 금방 쓸어 놓은 마당처럼 밭이랑은 말끔하고 가지런하여 쪽 찐 머리에 반듯한 가르마 같다. 시원해진 참깨밭으로 햇살이 번진다. 잡초 무성한 마음밭도 호미 끝 세워 시원하게 한번 매고 싶다.

기차는 지나갔다

   안방에는 벽을 기대고 선 액자 하나가 있다. 액자 속에는 제복 차림의 단정하게 모자를 쓴 역무원이 서 있다. 단층 건물 위로 태극기와 코레일 기가 보이고 남자는 막 열차를 보낸 듯 손에 깃발을 들고 있다. 그윽한 눈길, 무얼 보고 있는 걸까. 사라진 열차를 향한 시선일까 지난 시간을 향한 그리움일까, 사뭇 남자의 눈빛이 깊다.

   그를 처음 만난 건 작은 간이역에 근무할 때였다. 그날 나는 약속 장소에 먼저 와 기다리고 있었다. 한참 후 정복 차림의 그가 다방 문을 열고 들어왔다. 약속 시간에 쫓겨 미처 옷을 바꿔 입을 시간이 없었다며 어색하게 웃었다. 궁색한

변명을 하는 수수함이 되레 좋았다. 첫눈에 반한 걸까. 야간 근무 후 만날 때는 항상 정복 차림이었다. 그의 옷깃에서는 화물열차가 흘리고 간 석탄과 대합실 먼지가 뒤섞인 간이역 냄새가 났다. 기차 통근을 하며 농사일을 거들고 짬짬이 데이트를 해야 하는 그는 늘 시간에 쫓겼다. 만남의 갈증을 편지로 대신했다. 차곡차곡 쌓여가는 편지들, 그렇게 한 계절이 지나갔다. 철로변에 코스모스가 지고 나뭇잎이 물들 때 간이역을 지키는 남자와 결혼을 했다.

부산으로 신혼여행을 떠났다. 창밖에는 노랗게 가을이 익어갔다. 해운대에 도착하니 사방에 짙은 어둠이 깔리기 시작했다. 숙소를 잡기 위해 근처 호텔로 들어갔다. 종업원이 가방을 받아 들고 카운터 앞으로 안내를 했다. 예약자를 물었다. 예약하지 않았다고 하자 황당하다는 듯 쳐다보았다. 방이 없단다. 팔짱 낀 신혼부부와 연인들이 안내를 받으며 로비에서 속속 사라질 때 우리는 멀뚱하게 서로를 쳐다보고 있었다.

근처 호텔도 마찬가지였다. 밤은 깊어 가는데 하룻밤 묵을 방 하나를 구하지 못하다니, 자칫 길바닥에서 첫날밤을 보낼 판이다. 해운대 일대를 샅샅이 뒤진 끝에 겨우 허름한 여관 하나를 잡아 가까스로 노숙은 피할 수 있었다. 신랑이 신부 어깨에 손을 얹고 태종대에서 찍은 사진을 보면 지금도 그날이 떠올라 웃음이 나온다.

그는 격일제 근무를 했다. 철야 근무를 하고 돌아오는 빈 도시락 속에는 늘 피곤이 담겨 있었다. 그의 임무는 역과 교신하며 밤새도록 열차를 맞고 보내는 일이다. 순간순간 긴장해야 하는 일이다. 그는 밤잠을 설치고 눈이 벌겋게 충혈되어 들어오는 날이 많았지만 좀처럼 내색하지 않았다. 겨우내 눈 쌓인 태백선을 오가던 그는 새벽마다 까만 석탄가루를 덮어쓰고 들어왔다. 한밤중에 그를 내보내고 누워 듣던 기차 소리는 오래된 천식환자처럼 거친 소리를 토해냈다. 화물차를 타고 영동선을 수없이 오갔다. 바퀴가 헐도록 달리는 철로 위를 그는 가장이란 짐을 지고 함께 달렸다.

출발과 도착이 정해지고, 레일을 따라가는 것이 기차의 숙명이다. 그는 기차 같은 사람이다. 옆도 뒤도 돌아보지 않고 한곳을 향해 달리기만 했다. 어쩌면 답답하리만치 고

지식한 성격은 기차를 닮았는지 모른다. 평생 선로에 갇혀 이탈을 모르는 기차처럼 오로지 한곳을 향해 달려갔다. 살면서 누리는 소소한 재미마저 뚝뚝하게 외면했다. 무미건조한 그의 정서와 맞지 않아 때로는 다투기도 했다. 그도 밥벌이의 지겨움이 왜 없었겠는가. 다만 가장이란 무거운 짐이 그를 기차처럼 달리게 했으리라. 쉰 살만 되면 미련 없이 기차에서 내리겠다던 그. 그러나 현실은 그를 놓아주지 않았다. 아니, 더 달리라고 재촉했다.

이제 기차는 멈췄다. 고향 간이역을 마지막으로 그는 기차와 작별했다. 삼십 년이 넘도록 그의 곁을 스쳐간 기차만큼이나 숱한 이야기들이 우리 곁을 머물다 갔다. 돌이켜 보면 모든 것이 기차처럼 빨리 지나가버렸다. 놓쳐서 아쉬운 것들이 너무 많다. 종착역이 가까워진다. 수기를 흔들 듯 힘차게 흔들었던 삶의 깃발도 머지않아 내려야 할 때가 오고 있다.

액자 속 남자가 기차를 배웅한다. 기차는 떠나고 기적소리도 멀어진다. 어쩌면 그는 아직도 간이역에서 수기를 흔들며 기차를 맞이하고 보내는지 모른다.

조팝꽃

조팝꽃이 지고 있다. 밭일하고 오던 길가에서 꺾은 꽃이다. 유리병에서 채 사흘도 견디지 못하고 져 내린다. 밥풀처럼 붙은 자잘한 꽃송이는 가난한 집 처녀 무명 저고리처럼 소박해서 좋다. 거실 한쪽에서 소신공양하듯 꽃을 피우고 조용히 떨어지는 몸짓이 애잔하여 자꾸 눈길이 간다. 조팝꽃은 필 때보다 흰 눈처럼 질 때 마음이 더 끌린다.

 사계절 중 나는 봄을 싫어한다. 황사 바람이 불기 시작하면 피부는 알레르기로 고통스럽다. 알레르기는 어떤 것에 대한 거부 반응이거늘, 그렇다면 분명 몸도 봄을 거부한다는 의미다. 나른한 봄볕에 나가 농사일을 해야 하는 일도 달갑지 않지만, 사방 넘치는 활력과 생명력을 느린 걸음이 따라가지 못한다. 하지만 봄을 싫어하는 건 정작 다른 이유인지 모른다.

봄이 되면 집집마다 쌀독 긁는 소리가 들렸다. 푹 삶은 보리쌀에 드문드문 섞어 먹던 쌀이 다 떨어지면 춘궁기의 시작이다. 보리가 익기 전까지 양식을 늘려야 하는데 어느 날 둥천에 튀밥 아저씨가 전을 폈다. 동네는 고소한 튀밥 냄새가 진동을 하지만 밥 해 먹을 쌀도 없는데 주전부리로 쌀을 퍼내다니 가당치 않은 일이다. 고방에 있는 쌀 한 됫박을 푹 떠 내주면 얼마나 좋을까만 할머니를 졸라도 어림없다. 먹고 싶은 것을 참아야 할 때는 마음의 허기까지 겹쳐 더 배가 고프다. 참꽃을 따 먹고 찔레 순을 꺾으며 풋보리가 익기를 기다렸던 가난한 봄은 잔인한 계절이었다.

봄꽃들이 사방에서 펑펑 터질 때도 조팝꽃은 조신하게 기다린다. 그러다가 좁쌀 같은 몽우리가 톡톡 가지를 흔들며 피어난다. 시린 흰빛은 옥광목 한필을 펼쳐 놓은 듯 눈부시다. 조팝꽃을 보고 있으면 쌀 튀밥 생각이 난다. 입에 넣으면 혀에 감길 듯 부드러운 튀밥은 어릴 적 간식으로 으뜸이었다. 까만 콧구멍을 닦으며 풍로를 돌리던 아저씨, 통발 속으로 쏟아지던 튀밥, 귀를 막고 기다리는 아이들은 내 기억 속 삽화 한 장으로 걸려 있다.

 우리는 논보다 밭이 더 많았다. 농촌에서 부의 척도는 논마지기와 비례했으니 밭작물은 쌀을 능가할 수 없었다. 쌀이 농가의 근본이니 논농사가 늘 우선이었다.

 "이장 집에 가서 말㉰ 빌려 온나."

 희붐히 동이 트면 맷방석에 쌀을 쏟아놓고 깜부기와 왕겨 같은 걸 골라내던 할머니가 나를 깨운다. 마을에는 곡식을 계량하는 말이나 저울이 고작 한두 개밖에 없어 차례를 기다려야 했다. 빌려 온 말에 준비한 쌀을 수북하게 붓는다. 봉긋한 쌀을 막대로 싹 밀어 정확하게 계량하여 자루에 담는다. 할머니 동작 하나 하나는 의식을 치르듯 경건하다. 나는 바닥에 떨어진 생쌀 한 줌을 할머니 몰래 입에 넣었다.

 "생쌀 먹으면 에미 죽는데이."

 할머니는 매번 겁을 줬지만 씹을수록 고소한 그 맛을 뿌리치지 못했다.

할머니는 장날이면 쌀자루를 이고 재를 넘었다. 쌀자루는 등록금이 되었지만 대신 도시락은 흰쌀보다 보리쌀 비율이 늘어났다. 거뭇한 보리밥 속에 숨어 있던 가난은 이즈음 더 선명했고 적막한 산에는 조팝꽃이 지고 있었다. 요즘은 쌀이 넘쳐난다. 쉰밥도 물에 씻어 먹던 시어머님과 쌀자루에 고개가 휜 할머니가 신주처럼 모셔 온 쌀이다.
"밥버러지는 밥이 최고여, 밥이 보약인기라."

 꽃 중에 나락꽃이 제일이라던 할머니는 지금 조팝꽃이 무더기로 핀 산에 계신다. 고봉으로 담긴 하얀 쌀밥 같은 조팝꽃을 배부르게 보고 계실까.

 꽃을 쓸어 모은다. 쌀을 엎질러 놓은 것처럼 조팝꽃이 수북하다. 쌀밥 한 그릇 앞에 둔 듯 포만감이 밀려온다. 오늘은 금방 지어 자르르 윤이 흐르는 밥 한 그릇으로 헛헛한 속을 채워볼까.

 조팝꽃이 봄을 지우고 간다.

새벽예불

운문사 새벽예불이 보고 싶었다. 꼭 한번 가리라 마음먹고 있었지만 이른 새벽에 드리는 예불을 참관한다는 것이 쉽지 않았다. 기동력도 문제지만 시간적으로도 작정하지 않으면 쉬 결행할 수 없는 일이다. 그런 내 마음을 알았던지 남편이 동행을 해주겠다고 한다. 나를 위한 특별 배려다. 독실한 불교신자도 아니면서 예불 소리나 듣자고 밤잠 설쳐 그곳까지 뭐 하러 가느냐고 면박이나 줄 사람이 무슨 심사로 흔쾌히 따라가 주겠다는 건지. 속으로는 미심쩍었지만 거듭 다짐을 받아냈고 남편은 바로 실행에 옮겼다.

자정을 넘긴 시간, 여장을 챙겨 집을 나섰다. 처서 백로가 지나도 수그러들지 않은 더위지만 절기는 속일 수 없어 밤이면 그 기세도 한풀 꺾인다. 운문 댐을 돌아서 차를 세웠다. 안개가 자욱하다. 쌀뜨물 같은 달빛 아래 도토리 떨어지는 소리, 나뭇잎이 몸을 뒤척인다. 겹겹이 둘러쳐진 어둠을 끌어안은 나무들이 고단한 하루를 위로하며 서로 어깨를 내주고 있다.

　밤이 깊어 한적한 도로지만 이정표를 따라 서행하다 보니 예상외로 많은 시간이 소요되었다. 운문사에 도착했다. 입구에 수문장처럼 서 있는 소나무가 자동차 불빛에 묵직한 몸피를 일으켜 세운다. 도열한 소나무의 영접을 받으며 주차장에 차를 세웠다. 엔진을 끄자 사위는 물을 끼얹은 듯 적막이 휘돌아 안긴다. 낮은 기와 담장 아래 말간 얼굴의 쑥부쟁이가 함초롬히 피었고 홍시 같은 외등은 졸음을 쫓고 있다. 일주문을 살며시 밀어 보았다. 굳게 닫힌 문은 꿈쩍도 않는다. 안과 밖, 속계와 선계가 문 하나를 경계로 사뭇 다른 느낌으로 다가온다. 사바세계를 지나 피안으로 드는 듯 경건해진다.

　커피 한잔으로 잠을 쫓긴 부족했던지 남편은 연신 하품

을 하더니 차 속으로 들어가 버린다. 혼자 걸었다. 점점 모여드는 고요, 선명해지는 의식, 맑아오는 정신을 가다듬으며 지그시 눈을 감는다. 이런 황홀한 고요를 언제 다시 만날 것인가. 조용히 마음의 소리에 귀를 열어본다.

새벽 3시 20분, 인기척이 들리고 일주문이 세상을 밝히듯 빛을 쏟아낸다. 하나둘 승방에 불이 켜지고, 큰 법당 섬돌에서 시작한 목탁소리가 마당을 가로질러 종루 아래로 흐른다. 길게 기지개 켜는 배롱나무, 단청과 석탑, 그리고 처진 소나무까지도 일제히 몸을 일으켜 세운다. 무겁고 장중한 소리, 법고가 울리기 시작한다. 두 개의 북채는 마음 '心' 자를 그리며 세게 두드린다. 범종, 목어, 운판이 연이어 삼라만상을 깨운다. 법구경 우암품에는 '안 보이는 것은 없다 내가 못 보는 것이다. 안 들리는 것은 없다 내가 못 듣는 것이다. 안 되는 것은 없다 내가 못 하는 것이다.'라는 구절이 있다. 마음의 문을 닫으며 눈을 떠도 보이지 않고 들리지도 않는다. 눈을 뜨고 자는 물고기처럼 마음의 눈을 뜨고 수행하라는 목어의 두드림을 뜨고 있어도 감은 눈이 어찌 그 깊은 의미를 헤아리겠는가.

타종이 끝나자 대웅전 뜰은 하나, 둘, 셋, 넷… 이백오십여 명의 비구니스님이 입정을 한다. 참선이 시작되고 불경 외는 소리가 새벽하늘을 가른다. 이백여 명이 함께 암송하는 예불은 마치 장엄한 오케스트라 연주를 듣고 있는 듯하다. 비구니의 낭랑한 목소리에서 우러나오는 처연함, 절제된 마음의 소리가 영혼의 울림으로 스며든다. 들숨 날숨을 반복하며 일정한 리듬을 타고 흐르던 염불소리가 달빛 속으로 스며든다. 합장하는 스님을 따라 소망 하나 두 손에 모아 쥔다.

새벽은 하루의 시작이다. 시작이라는 의미가 주는 느낌은 늘 신선하다. 신성하고 신령스런 새벽에는 크고 작은 의식들이 치러진다. 몇 해 전 아이 수능시험 보던 날 정화수 한 그릇에 간절한 염원을 기도한 것도 새벽이었고, 정월 대보름 오곡밥을 지어 한 해의 풍년을 기원한 것도 새벽이었다. 어머님이 우물물을 길러 장독 위에 올려놓고 치성을 드린 것도 음력 이월 초하룻날 새벽이다. 살얼음 낀 대접 속으로 새벽 별이 스러지고 싸락눈이 내려와 몸을 섞는 시간, 충만한 우주의 정기가 넘쳐나는 시간, 파르스름하게 여명이 밝아 오는 시간에 올리는 간절한 기도는 분명 먼 곳 절대자에게 닿으리라.

법당 안 열기가 한고비를 넘으니 목탁소리가 잦아들기 시작한다. 줄지어 마당으로 내려서는 스님들, 장삼자락 스치는 소리가 뜰을 가득 채우더니 다시 침묵이 흐른다. 만세루를 지나 요사체로 발길을 옮기는데 공양간에 스님 한 분이 불을 때고 있다. 생명 없는 마른 나뭇가지도 '따닥따닥' 자신을 태우며 소신공양을 하는데 나는 누군가를 위해 한 점 온기라도 나눈 적이 있었던가.

깊고 맑은 울림의 새벽예불, 그 소리를 따라 아득히 먼 곳을 다녀온 듯 고요한 시간이었다. 세속의 번뇌는 사라지고 영혼이 충만했던 시간, 사람들은 영혼의 결핍을 느낄 때 고요한 공간을 찾는지 모른다. 대웅전 댓돌 위에 가지런히 놓인 고무신처럼 가볍게 돌아서는데 후박나무 아래 스님 머리 위로 새벽 달빛이 푸르다.

몸으로 우는 감나무

 감나무 우듬지에 까치밥 하나 파란 하늘에 풍경처럼 달려 있다. 허전한 나뭇가지 아래 수북하게 떨어진 마른 잎에서 시큼한 냄새가 난다.
 "내년에는 많이 열라고 술 한 잔 줬다."
 가을 늦도록 수확하던 큰 감나무를 어머님 혼자 갈무리하고 막걸리까지 대접한 것이다. 지난해도 감나무에 막걸리 한 병을 부어 준 어머님은 그 효능이 별로 신통치 않음을 알지만 애면글면 수고한 감나무에 술 한 잔 권했을 것이다. 처마 끝 곶감은 가을볕에 말라가고 들마루에는 말랑한 홍시 몇 개가 붉은 속살을 드러내고 있다. 어머님은 물

러터진 홍시 하나를 건넨다. 마시듯 후루룩 입에 넣으니 그 맛이 달다.

 시골집 마당에 있는 감나무는 큰아이가 태어날 무렵 심었으니 삼십 년은 족히 지났다. 기념식수로 심은 건 아니지만 그 나무를 보고 있으면 첫아이 낳던 생각이 나서 정이 간다. 나무는 아이와 함께 무럭무럭 자라 허름한 시골집을 넉넉하게 품었다. 감꽃이 피면 마당의 어둠도 부드러웠고, 곶감 깎는 그림자가 문창살에 어른거리면 서리가 하얗게 나무를 덮어도 밤이 포근했다. 그 감나무가 두어 해 전부터 병들어 올해는 듬성듬성한 나뭇잎 사이로 서른 개 남짓한 감을 달고도 숨이 가빠 보인다.

 교실에는 항상 감꽃 같은 여학생들 재잘거림이 창문을 넘었다. 소녀티를 벗고 숙녀가 되기 위한 준비는 은밀했다. 이미 몸의 변화를 겪은 조숙한 아이들에 비해 나는 늦되었다. 주변의 걱정과 의심 끝에 고등학교 일 학년 어느 날, 비로소 붉은 꽃송이를 보았다. 비린 꽃이 주는 느낌은 특별했다. 또래보다 늦된 탓일 수도 있지만 그 알 수 없는 떨림은 무어라 표현하기 어려웠다. 유백색 감꽃 같은, 아직 단맛이 들지 않은 풋감 같은 소녀는 여자가 되었다. 그리고 엄마라는 거룩한 이름까지 선물 받았지만 때로는 거추장스럽고 귀찮았던 적도 많았다.

무엇이든 다시 볼 수 없을 때 비로소 존재를 인식하게 된다. 매달 때맞춰 오던 손님이 감감무소식이다. 얼굴에는 수시로 열꽃이 피어 민망할 정도로 화끈거리고 잠을 자다가 깨어 땀에 젖은 몸을 닦는 일이 잦아졌다. 진통제와 몸살 약을 먹기도 했다. 도대체 왜 이럴까. 몸은 가라앉고 우울한 시간이 길어졌다. 몸은 내게 뭔가를 전하고자 했지만 그 말을 알아듣지 못했다. 아니 거부하고 싶었는지도 모른다. 허공으로 뻗은 감나무 가지가 물기 마른 내 몸 같다. 까칠한 피부에 마른 풀잎 같은 손, 온몸은 바스러지듯 버석거린다.

감나무를 꼼꼼히 살펴보았다. 수명이 다 된 걸까, 병이 든 걸까. 밑둥치를 호미로 파 보니 이리저리 뻗은 뿌리가 썩지는 않았다. 생산이 멈추었다고 삶이 끝난 건 아니라고 성한 뿌리가 손을 덥석 잡는다. 비록 예전처럼 푸지게 감은 달리지 않더라도 그늘이 되어 누군가의 쉼터가 될 수 있기를 애틋하게 바라본다. 서른 번이 넘도록 꽃을 피우는 게 어디 쉬운 일인가. 감나무는 그 만만치 않은 생산의 고통에서 벗어나 쉬고 싶다고 알몸으로 서서 저렇게 절실하게 외치고 있는지 모른다.

끝남은 또 다른 시작이다. 맺고 마무리하는 건 새로운 시작을 준비하기 위함이다. 그렇다면 완경은 한 여자가 완성되는 것이고, 여자에서 한 인간으로 다시 시작하는 것이다. 겨울 없이 맞는 봄이 무슨 의미가 있을까. 겨울이 깊을수록 봄은 가까워진다. 내 삶은 지금이 봄이다. 하루가 저무는 시간, 마당에 선 감나무가 지는 노을에 긴 그림자를 드리운다. 감빛처럼 붉은 석양을 바라본다. 저리 곱게 저물어 갈 수 있다면….

푸르렀으므로 붉어질 자격이 있는가. 가지 끝에 달린 붉은 감 하나가 늦가을 운치를 더해준다. 가을이 감꼭지처럼 떨어지고 있다.

방앗공이

집이 텅 빈 듯 조용하다. 빙빙 돌아가던 모빌이 멈춘 방에는 가을 햇살이 들어와 누웠다. 요한이 대신 곰돌이 이불을 덮고 누운 토끼 베개는 깊은 잠에 들었는지 꼼짝을 않는다. 든 자리는 몰라도 난 자리는 표가 난다는 말이 딱 맞다. 이불을 젖히자 코끝을 스치는 젖내가 달짝지근하다. 방문을 열 때마다 미처 챙기지 못하고 두고 간 소소한 것들이 눈길을 잡는다. 저걸 사려면 다 돈인데, 혼잣말로 빈방의 고요를 깨운다. 문을 닫을 때는 아기가 깰까 봐 발꿈치를 들고 살며시 방을 나온다. 습관은 생각보다 훨씬 오래 남는다.

지난여름 딸이 출산을 했다. 2주 동안 산후조리원 생활을 끝내고 만지면 바스러질 듯한 작은 아기를 안고 집으로 왔다. 아기는 장마철 오이처럼 하루가 다르게 자랐다. 드디어 처음 옹알이를 하던 날, 할매 부부는 해석이 엇갈렸다. 나는 '할매'라고 우겼고 할아버지는 '밥 줘'라는 주장을 꺾지 않았다. 딸은 한술 더 뜬다. 사투리 쓰는 건 싫다며 '할매'를 '할머니'로 정정한다. 서로 우기다 웃고, 딸의 정정에 웃고, 집안에 웃음이 가득했다.

아기 돌보는 일은 만만치가 않다. 아기 돌보는 일과 밭매는 일 중 밭일을 선택했다니, 예전부터 육아는 힘든 일임에 틀림없다. 잠투정이 심한 아기를 자주 안았더니 팔목에 무리가 와서 물리치료를 받고 팔목 보호대까지 끼웠다. '요한이 살인미소는 천만 불짜리'라고 하니, 남편이 '외손주를 귀애하느니 방앗공이를 귀애하지'라고 맞받아친다.

"요한이는 다를 거야. 할머니 용돈 많이 줄 거지?"

할머니 속이 훤히 보인다는 듯 딸이 피식 웃는다.

우리 외할머니는 성격이 무척 별났다. 친구들 사이에서는 호랑이 할머니였고 마을 사람들에겐 고집불통 노인네로 통했다. 남에게뿐만 아니라 외삼촌이 결혼하자 며느리에게도 모진 시집살이를 시켰다. 시도 때도 없는 며느리 타박에 마을에서는 드센 시어머니로 소문이 파다했다. 그런 외할머니가 나에겐 특별했다. 내세울 것도 없는 외손녀를 끼고 있으면서 뭐가 그리 당당했는지. 혼자된 딸이 맡기고 간 외손녀는 당신의 생인손 같은 존재였으리라. 삼십 리 고갯길을 넘어 장에 다녀오는 날이면, 할머니 보따리 속에는 엿이나 강정 같은 주전부리가 들어 있었다. 내 밥숟가락 위에는 고등어 살점이 얹혔다. 반찬이 마음에 들지 않는다고 내팽개치고 간 도시락을 교문 앞까지 들고 왔다. 외할머니의 무조건적 편애가 아니꼬운 사람들은 한마디씩 거들었다.

"그까짓 외손녀 귀애하느니 방앗공이를 귀애하라지. 별난 처호댁 외손녀 옆에는 가도 마라. 괜히 덤터기 쓴다."

마을 사람들은 처호댁이라면 왼고개를 쳤다. 사람들이 숙덕대며 험담을 해도 할머니는 개의치 않았다. 외할머니의 손녀 사랑은 맹목적이었다.

여덟 해를 뒤로하고 외할머니 곁을 떠나왔다. 외할머니

는 몇 번이나 당부를 했다.

"어딜 가도 니 할 탓인 겨. 공부 열심히 하고 할매 없다고 기죽지 말그래이."

뿌얀 먼지를 일으키며 버스는 떠나고 외할머니 걱정도 함께 따라왔다. 바늘 끝처럼 예민한 열여섯 살이었다.

"기죽지 말그래이, 기죽지 말그래이."

할머니의 이 말이 늘 귓가에서 쟁쟁거렸다. 결혼 후 외할머니를 뵈러 갔다. 쪽진 머리는 숏커트로 변했고 형형하던 눈빛은 초점을 잃었다. 툇마루에 앉아 있던 외할머니가 허공에 말을 뱉는다.

"아지매는 어디서 왔소?"

"내가 누구고?"

까맣게 지워진 기억은 다시 돌아오지 않았고 외할머니는 방앗공이보다 못한 외손녀를 끝내 알아보지 못했다.

카톡이 수시로 요한이 사진을 물어 나른다. 요한이가 점점 달마대사가 되어 간다며 딸이 동영상을 보내왔다. 머루알 같은 눈동자를 굴리며 입술을 달싹인다. 머지않아 그 조그만 입을 열고 혀 짧은 소리로 '외할머니'라고 부르겠지. 그 아이에게 뭘 더 바랄까. 밍밍한 일상의 우리에게 보내준 축복 같은 선물인 것을. 요한이 웃음소리가 가을 햇살처럼 핸드폰 속에서 쏟아져 나온다.

기차 소리에 잠을 설치다 만난
아버지는 두 손에 선물꾸러미를 들고 있었
다. 꿈결처럼 왔다 기차 소리에 묻혀 사라지는
뒷모습. 선잠을 깨 뒤척이면 모로 누운 내 어깨
위로 이불을 당겨 덮어주던 따뜻한 손길은 아버
지가 아닌 당숙이었다. 아버지의 부재를
실감하던 슬픈 밤에도 여전히 기차는
지나갔다.

3장

기찻길 옆 양철집

열무김치와 보리밥

민소영

아픈 사과나무

팝십골 이야기

봄날이 간다

살구나무집

눈물점

들깨를 털며

외딴 방

기찻길 옆 양철집

 눈물겹도록 외로운 시간도 그저 앞만 보며 달려야 하는 열차. 기차는 아름다운 기억을 찾아가는 길이다. 머물 수 없는 시간을 향한 그리움이던가. 그때나 지금이나 기차는 늘 그렇게 달리기만 한다. 지나간 시간은 왜 자꾸 그리워지고 멀어지는 모든 것들은 왜 또 이다지도 아름다운가.
 산동네를 벗어나면 갈 곳은 당숙 집밖에 없었다. 고만고만한 또래의 언니와 동생들은 친척이며 친구였다. 산동네에 사는 우리 집과 철둑 아래 사는 당숙 집은 지척이건만 그때는 무척 멀게 느껴졌다. 내리막길을 내려와 큰길 하나를 건너면 좁은 골목이 이어진다. 골목 막다른 곳에 이르면 기찻길이 보인다.

  방금 긴 꼬리를 끌고 기차가 지나갔다. 미처 따라잡지 못해 허공을 휘젓다 흩어진 연기는 기적 소리와 함께 멀어졌다. 어디를 향해 가는지 기차 안에 누가 타고 있는지 그런 건 나와 무관했다. 건널목에서 기다리는 정지 시간이 몹시 지루할 뿐이었다. 수기를 든 아저씨 손이 내려오면 막혔던 길이 열렸다. 석탄 먼지를 덮어쓴 역사는 늘 구름이 낀 듯 회색빛이었고 집채만큼 원목이 쌓여 있었다. 나무껍질을 벗겨 땔감을 모으는 사람들 틈에 할머니도 있다. 까만 먼지를 뒤집어쓰고 굴피를 벗기는 할머니를 피해 가는 곳이 있다. 철로에서 외발서기도 하고 침목 개수를 세며 바장이다 보면 철길 아래 폭 빠진 양철지붕이 보인다. 철둑을 내려서면 바로 당숙 집이다.

  대문을 밀고 들어서면 툇마루 아래 댓돌 위에 신발이 수북했다. 허름한 오두막집에는 종조모님을 비롯해 당숙 내외와 육촌이 다섯 명이나 되는 대식구가 살고 있었다.

  "얼른 온나. 춥제."

  나를 반기는 건 늘 당숙이었다. 다섯 명의 적지 않은 자녀가 있는 집에 나까지 더 보탰지만 한 번도 싫은 내색을 하지 않았다. 가끔 학용품을 사주고 용돈도 쥐어주었다.
"너 아버지가 살았다면 끔찍이도 아꼈을 딸인데…."

 당숙은 외톨이처럼 어두운 그늘을 벗어나지 못하는 내게 각별했다. 그런 당숙에게서 나는 아버지를 느꼈는지 모른다. 할머니 앞에서 아버지를 입에 올리면 눈물바람을 일으키니 모두 쉬쉬하며 아버지 이야기를 해주지 않았다. 다섯 살이었던 내게 아버지에 대한 기억은 선명하지 않았고 당숙이 들려주는 아버지가 전부였다.

 철둑 밑에 옹기종기 모여 있던 집은 하나같이 대문 앞에 옥수수를 심었다. 옥수수밭에서 숨바꼭질을 하고 저물도록 가위바위보를 하며 놀았다. 기차가 지나가길 기다렸다가 열차 바퀴에 눌려 납작해진 못을 줍고, 고무줄놀이를 멈추고 손을 흔들며 먼 훗날 꿈도 함께 실어 보내곤 했다. 철둑 밑 당숙 집 위로는 하루에도 수십 차례 기차가 지나갔다. 그때마다 집이 흔들렸고 마주 보며 하는 이야기도 알아듣지 못했다.

 가끔 육촌들 틈에 끼여 자는 날은 머리 위로 기차 바퀴가 지나가는 듯했다. 한밤중 적막을 가르고 떠나가는 기차 소리에 귀가 먹먹해지곤 했다. 기차 소리에 잠을 설치다 만난 아버지는 두 손에 선물꾸러미를 들고 있었다. 꿈결처럼 왔다 기차 소리에 묻혀 사라지는 뒷모습. 선잠을 깬 뒤 척이면 모로 누운 내 어깨 위로 이불을 당겨 덮어주던 따뜻한 손길은 아버지가 아닌 당숙이었다. 아버지의 부재를 실감하던 슬픈 밤에도 여전히 기차는 지나갔다. 눈앞에서 놓친 기차처럼 안타깝던 시간, 어느 간이역에서 서성이며 기다릴지 모를 아버지를 찾아가고 싶었다. 그러나 기차는 한 번도 나를 데려다 주지 않았고 아버지는 돌아오지 않았다. 그 자리에 오래 서서 기다렸지만 머물 수 없는 시간처럼 기차는 지나갔다.

  침목을 세며 철길을 걷는 단발머리 소녀와 바퀴에 밟혀도 장대같이 크는 옥수수밭이 보인다. 한밤중에도 머리 위를 지나던 기차, 흐릿한 기억이 쑥빛으로 일어나 곧게 뻗은 레일 위를 달린다. 기차는 아득히 멀어지는데 그리움은 거기 그 자리에 고여 있다.

열무김치와 보리밥

 흙을 고른 후 열무 씨를 뿌렸다. 포슬포슬한 흙의 감촉이 무슨 씨앗이든 던져 놓으면 촉을 틔우고 나올 것 같다. 밭 귀퉁이 한 이랑은 늘 푸성귀가 자라고 있다. 얼마 전 뿌려 둔 열무 씨가 제법 자라 한들거리더니 이파리에 숭숭 구멍이 뚫렸다. 가끔 이렇게 먼저 배추벌레가 시식하기도 한다. 녀석들 식욕은 하룻밤 사이에도 앙상한 줄기만 남겨 놓을 만큼 왕성하다. 다 뜯어먹은 이랑 옆에 다시 열무 씨 한 줌을 흩뿌려 놓았다.
 며칠 지나자 연초록 싹이 밭이랑 가득 소복하게 올라왔다. 어린 열무는 칠월 볕에 잡아당기듯 쑥쑥 자라 솎아내고 돌아서면 금세 어우러진다. 열무 한 줌을 뽑아 나무 그늘에 앉아 다듬는다. 떡잎을 떼어내고 뿌리를 자르다 보면 풀물이 손끝을 따라 온몸으로 번진다. 시들해진 몸에 생기가 살아나는 것 같다.

여름이 좋은 이유가 딱 한 가지 있다. 열무김치와 보리밥은 여름에 먹어야 진미다. 푹 퍼진 햇보리밥과 애호박을 넣고 끓인 된장에 익은 열무김치, 이 만큼 잘 어울리는 짝이 있을까. 시큼하게 익은 열무김치 한 가닥을 수북한 밥숟가락 위에 얹어 입속으로 밀어 넣을 때 비로소 여름이 고지에 닿았음을 실감한다.

어릴 적 여름이면 열무김치가 먼저 익는다. 할머니는 밭에서 열무를 꼴단처럼 안고 와 다듬었다. 긴 줄기를 반으로 뭉텅 잘라 소금에 절이고 막 붉기 시작한 첫물 고추를 따 마늘과 함께 다져 양념에 버무렸다. 오지항아리에 차곡차곡 담아 부엌 한쪽 함지박 물속에 채워 두면 부엌 흙바닥에서 시큼하게 김치 익는 냄새가 올라왔다. 부엌 문지방을 넘나들 때 맡았던 그 냄새는 기억 속 여름 냄새이며 우리 집 부엌 냄새였다.

고방 앞 대나무 광주리 속에는 여름내 시커먼 보리밥이 걸려 있었다. 우리 집 가난도 거무스름한 보리밥 광주리 속에 담겨 있었다. 고등어 한 마리 굽지 못하는 가난한 밥상에는 풋내 나는 열무김치만 올라왔다.

  커다란 양푼 속에 열무를 담고 보리밥과 된장 고추장을 넣어 비빈다. 양푼에다가 숟가락 하나를 걸쳐 놓고 할머니는 마당에서 놀고 있는 점순이를 불렀다. 끝까지 숟가락을 들지 않고 고픈 배를 잡고 달아나던 점순이의 어린 자존심이 보리밭을 볼 때마다 생각난다. 보리밥마저도 마음 놓고 먹지 못하는 점순네 집에 비하면 주린 배를 채워 주던 꽁보리밥과 열무김치는 어쩌면 우리에게 구원 같은 것이었는지 모른다. 각자 숟가락을 들고 밥이 다 비벼지길 기다리던 식구들의 모습은 사뭇 진지했다. 둘러앉은 두레상으로 숟가락 부딪히는 소리가 요란해지면 마당 가운데로 어스름 저녁 빛이 스며들었다.

  열무는 자라는 크기에 따라 먹는 방법도 다르다. 미처 속잎이 나오기 전에는 뿌리째 솎아 뜨거운 밥에 넣고 된장과 고추장으로 비벼야 제맛이다. 속잎이 자라 통통해지면 보리쌀 삶은 물을 미지근하게 식혀 매운 고추 다문다문 섞어 물김치를 담근다. 하룻밤 부뚜막에 두면 마치 사이다 같던 그 맛, 세월이 아득히 흘러도 잊을 수가 없다. 찬밥 한 덩이 물에 말아 김치 한 가닥 밥 위에 걸쳐 먹던 한여름 점심은 또 얼마나 개운한가.

  그때 먹던 단순 소박한 음식을 자꾸 찾게 되는 건, 갖은 조미료로 둔해진 혀 때문만은 아니다. 내 유전자 속에는 촌스러운 입맛이 고스란히 입력되어 있다. 담장 위를 넘어가는 호박잎만 보면 따고 싶어지고 손바닥 같은 호박잎쌈과 열무김치만 보면 보리밥 생각이 난다. 호박잎에 강된장 한 숟가락을 얹고 보자기를 싸듯 모아 쥔 쌈을 먹을 때마다 내 가난했던 유년의 추억이 목구멍에 걸리곤 한다.

  밭에서 열무를 뽑아왔다. 다듬어 소금물에 살짝 절여 깨끗하게 씻어 건져 놓고 홍고추와 마늘을 갈아 양념을 만든 후 밀가루 풀을 끓여 버무렸다. 김치 통에 차곡차곡 넣고 하룻밤을 재워 냉장고에 보관하였다. 냉장고 문을 열 때마다 부엌 흙바닥에서 올라오던 그 냄새를 맡는다. 김치 통에 길게 누운 열무 한 가닥을 꺼내 손가락으로 집어 고개를 젖히고 입안에 넣었다. 시큼한 그리움이 목을 타고 넘어간다.

민소영

"언니 나 이름 바꿨어요. 소영으로."

아는 동생이 개명했다며 이제 소영으로 불러 달란다. 반세기 함께했던 이름이 시류에 맞지 않다고 과감하게 바꾼 그녀. 전에 없던 명함까지 새겨 돌리는 걸 보면 매우 흡족한 모양이다. 내성적이던 그녀의 좁쌀만 한 자신감이 커지기 시작한 것은 주명자를 버리고 주소영으로 이름 성형을 한 후부터였던 것 같다. 바뀐 이름이 입에 붙지 않아 명자 씨라고 부르면, '소영이라 불러 주세요.'라며 새 이름을 각인시킨다.

소영, 한때 내 이름이었다. 숙자, 경자, 순자, 미자 등

'자' 자로 끝나는 이름이 한 학급 절반에 이를 만큼 흔하던 시절이었다. 박애자, 내 이름이 싫었다. 이름에 빗대어 별명을 짓고 골려 먹는 재미로 하루를 보내던 시절이었다. 박애정신인지 뭔지 별 의미 없는 말을 내뱉고, 그러다 심지어 장애자라며 놀려대기까지 했다. 한창 감수성 예민한 시기여서 이름에 대한 불만이 컸다. 고상하고 도회적인 예쁜 이름을 갖고 싶었다. 촌스러운 이름을 버리고 나면 구질구질한 내 삶도 바뀔 것 같았다. 이름을 바꾸기로 마음먹었다.

  그때는 교복 상의 가슴에 하얀 아크릴 이름표를 달고 다녔다. 복장검열과 두발 단속, 이름표 검사도 수시로 했다. 평소에 생각해 놓았던 이름 몇 개 중에서 가장 마음에 드는 이름을 하나 선택해 명찰 뒷면에 새겼다. 앞면은 '박애자' 뒷면은 '민소영'. 쌍꺼풀진 큰 눈과 긴 웨이브 머리에 날씬한 몸매의 순정만화 주인공이 바로 민소영이었다. 혼자 우쭐하여 지내던 어느 날, 담임선생님 수업이었다. 수업시간엔 이름표를 본래 이름으로 돌려놓아야 하는 걸 깜박 잊었다. 갑자기 서늘한 기운이 돌았다. 내 책상 옆에 멈춰 선 선생님 시선은 왼쪽 가슴 이름표에 꽂혀 있었다.

"어? 너 누구야? 민소영?"

눈길이 아래로 내려오고 이름표가 뒤집힌 건 거의 동시 한순간이었다. 선생님이 다시 이름표를 제자리로 돌려놓으며 독침을 쐈다.

"너 박애자 이름 바꿨니? 그런데 이름은 바꿀 수 있지만, 성까지 바뀐 걸 보니 아버지가 바뀐 거니?"

얼굴이 화끈 달아오르는데, 선생님이 연거푸 독침을 날렸다.

"이름만 바꾸지 말고 성적도 좀 바꿔봐라."

선생님 돌직구에 키득대는 아이들, 쥐구멍을 찾고 싶은 심정이었다. 하지만 내 이름표에는 졸업할 때까지 두 개의 이름이 매달려 있었다.

얼마 전 낯선 전화 한 통을 받았다.

"여보세요. 애자 맞지?"

다짜고짜 심문하듯 다그치는 목소리다. 거침없는 말투에 휴대폰을 타고 들리는 생소한 내 이름 애자. 낯설다. 그 친구는 연신 어린 시절 추억담을 들춰내고 난 그저 듣고만 있었다.

"애자야, 니 그때 왜 울었어? 애자야, 시험지 채점 사건 기억나?"

그동안 궁금해서 어떻게 살았을까 싶을 만큼 속사포처럼 말을 쏟아냈다. 그는 말머리에 꼭 내 이름을 얹었다. '내가 그의 이름을 불러주었을 때 그는 나에게로 와서 꽃이 되었다'는 어느 시 구절처럼 누군가가 불러주었을 때 비로소 꽃이 되는 이름. 그날은 원 없이 꽃이 된 시간이었다.

한동안 이름을 잊고 살았다. 잊은 건지 잃은 건지 알 수 없지만 누구 엄마, 누구 아내, 누구 며느리로 수십 년을 살았다. 이름 없이 사는 동안 박애자는 실종되었다.

아파트 화단에는 꽃과 나무마다 이름표를 달고 있다. 벚나무, 쥐똥나무, 딸기나무, 철쭉, 맥문동, 나팔꽃 등 각각 목에 이름을 걸고 있다. 그곳을 지날 때마다 멈춰 이름을 불러본다. 나무는 나무대로 의젓하고 꽃은 꽃대로 아름답다.

며느리밑씻개가 아파트 울타리를 기어오른다. 작고 앙증맞은 연분홍 꽃이 왜 하필 며느리밑씻개인가. 하지만 이름에 대한 불만 같은 건 일도 없다는 듯 환하게 웃는다.

존재하는 것들은 모두 자기 모양대로 심성대로 살아간다. 아무리 이름표를 뒤집고 다녀도 나는 박애자다. 민소영이 될 수 없는 박애자란 존재다.

아픈 사과나무

봄이다. 볕이 두꺼워지고 흙은 말랑말랑해졌다. 계절이 갈피를 못 잡고 허둥대는 동안 꽃 행렬은 이어졌다. 여기저기 꽃 잔치가 끝날 즈음 기다렸다는 듯 사과꽃이 핀다. 연분홍 꽃망울이 폭죽처럼 터지고 온 밭은 윙윙거리는 벌떼 사랑 놀음으로 시끌벅적하다. 지천에 꽃을 두고도 내 귀는 늘 남쪽 꽃소식을 향했다. 남편은 수시로 우리 밭 소식을 안고 돌아왔지만 모른 척 귀를 막았다.

내게 농사일은 늘 실제 무게보다 더 무겁다. 십 년도 넘게 해 온 사과 농사일이 나를 거부하는 건지 내가 지친 건지, 올해는 이 핑계 저 핑계로 게으름을 피웠다. 겨우내 밭 근처는 얼씬도 않다가 전정한 나뭇가지를 주워 모으는 일로 한 해 농사일을 시작했다. 톱자국이 남은 곳에는 약을 바르고 잔가지는 모아 끈으로 묶었다. 수십 번, 아니 수백 번 허리를 구부렸다 펴며 흩어진 가지를 주워 모았다. 어쩌면 내 허리도 머지않아 옆집 할매처럼 기역자가 되고 말 것이다. 농사란 땅 위를 오체투지로 밀고 나가는 고통스런 일이다.

우리 밭 사과나무는 키가 들쑥날쑥하다. 병들거나 고목이 된 나무는 수시로 캐내고 다시 심기 때문에 키 맞춤으로 조성된 반듯한 과수원과는 거리가 멀다. 오래된 나무는 십수 년이 지난 것도 있지만 빠진 이처럼 꼬챙이 같은 나무가 듬성듬성 서 있다. 며칠 사이 예상치 않은 기온 상승으로 팝콘처럼 사과꽃이 부풀어 올랐다. 꽃이 열매가 될 때까지는 기후와 벌들의 수정이 절대적이다. 잦은 비는 벌의 활동을 방해하기도 하고 갑작스러운 저온 현상으로 하루아침에 냉해를 입기도 한다. 그래서 개화 시기에는 항상 기상예보에 촉각이 곤두선다.

미끈하게 생긴 나무 앞에 멈췄다. 사람으로 말하자면 장래가 촉망되는 청년쯤 된 나무다. 나무든 사람이든 잘생기면 먼저 눈길을 끌기 마련이다. 수려한 외모에 축포처럼 꽃망울을 터트린 나무를 보면 '역시 인물값을 하는구나.' 하는 생각이 든다. 제 몫을 하는 나무를 보면 시선이 한 번 더 간다. 같은 뿌리에서 뻗은 가지도 시차를 두고 꽃이 핀다. 막 꽃망울을 터트리는 가지가 있는가 하면 이미 지는 가지도 있다. 한 부모 밑에서 자란 자식도 성격과 외모가 다르듯 나무도 제각각이다.

사과꽃 그늘 아래에서 모처럼 여유를 즐긴다. 흩날리는 꽃눈을 맞으며 넋을 놓고 있는데 곧게 뻗은 나뭇가지에 눈길이 머문다. 가지 하나에 다보록한 꽃송이가 시들시들 말라간다. 찬찬히 나무 둥치를 살펴보니 가지 아래쪽이 불그스름하다. 나무껍질을 살살 긁었다. 표피뿐 아니라 이미 속까지 썩어 들어갔다. 사과나무 암으로 불리는 부란병이다. 사과나무에는 치명적인 병이다. 이미 뿌리까지 번져 회생 불가능 상태다. 겉보기는 멀쩡한 나무가 그동안 중병을 앓고 있었다니. 암세포가 더는 전이되지 않기를 바라며 병든 가지는 잘라내고 상처 부위에 약을 발랐다. 이

옷 농장에서 병이 옮겨 온 걸까. 전정 후 약 바르는 걸 빠뜨렸나, 지난해까지도 흐벅지게 꽃을 피웠던 나무인데…. 예고 없이 찾아오는 순간이 있다. 운명에 맡긴 채 손 놓고 기다려야만 하는 순간도 있다. 아픈 사과나무는 걷잡을 수 없이 번진 암 덩어리를 끌어안고 지금 힘겹게 봄을 건너는 중이다.

사과나무에 꽃이 유난히 많이 피거나 눈에 띄게 열매가 비대하면 뭔가 이상이 있다는 증거다. 그건 나무가 남은 에너지를 다 쓰기 위해 사력을 다하기 때문에 일어나는 현상이라 한다. 온 힘을 쏟아 꽃을 피우는 나무가 봄볕에 휘청거린다. 삶과 죽음의 경계 사이에서 펼치는 축제일까. 불꽃처럼 타오르는 꽃빛이 서럽도록 곱고 눈부시다.

우리네 삶이라고 뭐가 다르겠나. 노을 지기 전 하늘이 가장 아름답고 떠난 사랑이 더 애틋하다. 스무 살 풋풋함도 서른이 되어야 알게 되고, 육십의 의미도 여든 황혼 길에 들어서야 비로소 깨닫는다. 삶은 절박할 때 비로소 절실해진다. 비록 짧은 생이지만 뜨겁게 자신을 불사르는 사과나무의 마지막 투혼에 숙연해진다.

아픈 사과나무가 신음하듯 내게 말을 건넨다. 이 봄 흐드러지게 꽃 한번 피우라고. 남은 인생 오늘을 최고로 살라고. 재미지게 사는 하루가 빛나는 예술이라고.

팔십골 이야기

 베란다 끝에 머물던 햇살이 저만치 비켜났다. 강물 위로 하루의 찌꺼기를 씻는 햇살이 반짝이고 둘레둘레 모여 앉은 산자락에 노을이 물든다. 해 질 녘 베란다에서 바라보는 풍경은 소문난 일몰 장소 못지않다. 서해바다 해 지는 광경이 이만할까, 스스로 감탄하며 이 시간을 즐기곤 한다. 나는 하루 중 저물녘이 좋다. 이즈음 내색 없이 숨었던 추억 하나 나타난다.

 중학교 다닐 때다. 나는 3년 동안 재를 넘어 학교에 다녔다. 산골에서 읍내까지는 높은 산 하나를 넘어야 했다. 산모롱이를 돌아서면 늘 서쪽 하늘은 노을이 지고 있었다.

가파른 산길을 매일 오르는 일도 힘들지만 팔십골은 차마 고도를 능가하는 험준한 골짜기였다. 이름이 말하듯 크고 작은 계곡이 무려 팔십 개에 이르는 긴 골짜기였다. 하루에 팔십 개의 계곡을 지나 재를 넘어야 하는 통학은 공부가 아니라 고행이었다. 학교에 가는 일은 매일 히말라야를 등반하는 것만큼 힘겨웠다. 생각하면 아득한 나날이었다.

공부보다 친구가 좋았던 시절이었다. 수업이 끝나고 곧장 집으로 가는 경우는 드물었다. 친구들과 어울리다 보면 귀가 시간이 촉박했다. 자취하는 친구를 부러워하며 지는 해를 동무 삼아 집으로 돌아가는 날이 많았다. 팔십골 초입에 서 있는 느티나무를 지날 때쯤엔 해가 이미 산을 넘고 있었다. 노을 진 산길을 정신없이 가는데 저만치 남학생이 앞서가고 있었다. 인기척을 느낀 그가 뒤를 돌아보았다. 동네 선배였다. 무척 반가웠지만 말을 건네지는 못했다. 평소 친하지 않았을뿐더러 남학생이기 때문이었다. 나를 의식한 그가 보폭을 맞춰 걸었다.

저문 산길은 귀뚜라미 소리가 톱밥처럼 쌓였다. 가끔 나무에 달린 도토리가 서먹함을 떨쳐내듯 떨어졌다. 빠르다가 느리고 느리다가 빠르고, 우리는 일정한 거리를 유지하며 고갯마루에 당도했다. 석양이 물든 서쪽을 바라보며 선 그의 얼굴이 노을빛으로 환했다. 항상 산마루에 도착하면 잠시 숨을 고른 후 내려가는 곳이지만 우린 눈 둘 곳 없는 어색함에 어쩔 줄 몰라 곧장 발걸음을 옮겨놓았다. 고불고불한 내리막길. 뒤따라오는 나를 확인하며 그는 적당한 간격으로 앞서갔다.

그 후에도 몇 번이나 시간을 놓쳐 허둥대며 집으로 향하곤 했다. 그때마다 그는 팔십골 느티나무 아래서 책을 보거나 산 아래서 기다렸다. 약속이나 한 것처럼. 그날은 평소보다 조금 더 늦었다. 믿는 구석이 있으니 느긋하게 놀다 일어난 것이다. 팔십골에 땅거미가 지고 있었다. 그러나 기다릴 줄 알았던 그가 보이지 않았다. 느티나무 아래도, 긴 골짜기를 다 지나도록 그는 보이지 않았다. 사방에 어둠이 깔리고 하늘에는 별이 보이기 시작했다.

어둠에 묻힌 산길, 사위는 물을 끼얹은 듯 조용했다. 나무가 장승처럼 서 있고 간간이 짐승들 울음소리까지 들렸다. 숨을 죽이며 앞만 보고 걸었다. 산마루에 당도할 무렵

몸은 땀에 흥건하게 젖었다. 그때 어디선가 인기척이 느껴졌다. 매번 앉아 쉬던 곳에 물체 하나가 어른거렸다.
"왜 이렇게 늦었노?"
적막을 깨우는 익은 목소리다. 순간 그 자리에 주저앉고 말았다. 긴장이 풀리면서 서러움에 복받쳐 눈물이 쏟아졌다. 무섭고 두려웠던 시간, 반가움과 원망이 한꺼번에 봇물처럼 터져 나왔다. 울음소리가 산을 깨우고 팔십골 아래까지 퍼져갔다. 좀처럼 눈물이 멈추지 않았다. 아무 말 없이 지켜보던 그가 앞장을 섰다. 오금이 저리도록 어둡고 무서웠던 산속이 대낮처럼 환했다. 중천에 달이 떠 있었다. 나무 사이로 스며들던 달빛 따라 우리는 산길을 내려왔다.

그날 후 서로 바라보는 눈빛이 달라진 걸까. 두 사람에게 느껴지는 은밀한 기류를 알아차렸을까. 통학생들 사이에 서로 좋아한다는 소문이 퍼졌다. 한동안 소문은 산등성을 넘고 골짜기를 지나 꼬리에 꼬리를 물고 둥둥 떠다녔다. 그러나 그가 졸업하면서 소문도 함께 떠나갔다.

산마루에 도착하면 노을이 붉게 타올랐다. 기다렸다가

동행해 준 선배의 따뜻한 배려가 노을처럼 아름다운 시간. 통학생 중 유일하게 여자인 나를 보호해야겠다는 기사도였을까. 숫기 없는 남학생이 느낀 연정이었을까. 문득 궁금해진다.

  태양이 황급히 달아난 서쪽 하늘빛이 곱다. 그리움을 밟고 가는 시간, 은은한 잔광만 남기고 땅거미가 몰려온다. 지금쯤 그는 분명 노을처럼 아름답게 늙어가고 있으리라. 저물녘, 어느새 해가 진다.

봄날이 간다

 가온이가 나가자고 채근을 한다. 오늘처럼 고슬고슬한 봄볕이 부르는 날은 막무가내다. 엘리베이터를 나오자 용수철처럼 튀어 놀이터로 달린다. 시소를 타고 미끄럼을 타고 그네가 있는 쪽으로 뛰어간다. 그네타기를 좋아하는 가온이의 놀이기구 이용 순서다. 맛있는 것은 아껴 두고 먹듯 가온이에게 그네는 아껴 두고 먹는 과자다. 그네에 올라앉은 가온이 등을 밀었다. 팽팽하던 쇠줄이 흔들리고 나비처럼 팔랑팔랑 날아오른다. 바람을 일으키며 날아오르는 아이 겨드랑에도 새순이 돋아날 것 같은 날이다. 웃음소리 통통 튀는 놀이터에 노란 봄빛이 퍼진다.

창문을 활짝 열어젖혔다. 금싸라기 같은 햇살이 쏟아져 들어온다. 아기 살결 같은 순한 바람이 움츠렸던 벤저민을 흔들어 깨우고 겨우내 달라붙은 먼지를 뜯어낸다. 밖을 내다보니 구름처럼 피어오르는 벚꽃 바로 옆에 목련 한그루 겨우 꽃잎을 열었다. 벚꽃이 순서를 잊고 새치기를 했나. 하긴 요즘 봄꽃들은 느긋하게 차례를 기다리지 않고 지 멋대로 피고 진다. 피고 지는 게 꽃의 소임이거늘, 인간의 잣대로 순서를 재는 게 무슨 의미가 있을까. 분명한 건 계절은 어김이 없다. 봄은 두꺼운 껍질 속에 숨겨놓았던 여린 꽃잎을 펼치며 외투를 벗듯 가볍게 시작된다.

봄소식은 가만 앉아 듣질 못했다. 한차례 당일치기 여행이라도 떠나 봄맞이를 해야 직성이 풀리곤 했다. 남쪽에서 올라오는 꽃이 이곳이라고 지나칠 리 없건만 핑계 삼아 임도 보고 뽕도 따는 호사를 부렸다. 마음 가는 길에는 방향이 없지 않은가. 구례 하동을 돌아오거나 섬진강 물빛 속에 잠겼다 오던 날은 가슴이 봄빛으로 일렁거렸다. 여의치 못할 때는 가까운 의성 산수유라도 보러 갔다. 농사짓는 아낙이 문만 열면 사방팔방 봄이 도사리고 있거늘 그렇게 매번 과분한 사치를 부렸다.

　오래전부터 봄바람이 든 것이다. 그러나 올봄은 꼼짝없이 갇혀 버렸다. 가슴에 이는 봄바람을 잠재우며 가온이와 놀이터에서 보냈다. 가온이 양손에 민들레를 쥐어 주고 나비를 잡으며 봄을 맞았다. 가온이가 온 후 내 일상의 사이클은 아이를 중심으로 돌아갔다. 챙기고 보살피고 혹 몸이라도 아플까 노심초사하며 꽃구경 한번 못 해봤다고 투덜대는 동안 봄이 다 갔다.

　아이의 혀 짧은 소리 듣느라 봄 오는 소리를 놓치고 방긋 웃는 꽃송이에 묻혀 미처 봄꽃을 보지 못했다. 고개 돌리니 예쁜 꽃 한 송이 나를 향해 방긋 웃고 있다. 세상에서 가장 아름다운 꽃이.

　봄이 부쩍 자란 가온이 키만큼 성큼성큼 가고 있다. 하얗게 벚꽃 휘날리고 누런 목련 꽃잎 어지러이 흩어지더니 가지마다 새 부리 같은 잎 뾰족 내밀고 나온다. 꽃의 한때는 너무 짧다. 화려한 인생일수록 허무가 깊은 것처럼. 봄은 꿈결처럼 왔다 사라진다. 그래서 안타까운 봄, 나의 봄도 저만치 가고 있다. 이미 봄을 다 보내버렸기에 지금 가장 눈부신 봄을 만나고 있는 건 아닐까.

인터넷 사이트 사진 한 장이 시선을 사로잡는다.

'내 나이 62세 아직 봄은 오지 않았다.'

복사꽃을 배경으로 구부정하게 서 있는 촌 아낙과 삐뚤삐뚤 쓴 손 글씨를 찍은 사진이다. 맞춤법도 맞지 않은 글과 무표정의 평범한 시골 아낙 글 한 줄. 평생 농투성이로 살아온 이들에게 봄날의 의미는 무엇일까. 내 인생에 아직 봄이 오지 않았다는 희망, 아직 봄날이 남았다고 믿는 여인. 마치 내 모습인 듯 한참을 바라보았다. 그가 원하는 봄은 이미 지나버렸을 수도 영영 오지 않을 수도 있다. 하지만 모든 꽃이 봄에만 피는 게 아니라고 자위하는지 모른다.

눈부신 봄이다. 문득 생의 가을에 와 있는 자신을 본다. 내 봄은 언제쯤이었을까. 이미 봄은 지나갔다. 아름다운 봄, 속절없음에 슬프고 눈물겹다. 환생하여 봄꽃으로 피어났을까, 곁에 꽃송이 환하게 웃는다. 파릇파릇 새싹으로 피어나는 가온이 두 번째 봄과 내 쉰아홉 번째 봄이 이렇게 지나가고 있다.

살구나무집

결혼 전 남편은 한 번도 집에 데리고 가지 않았다. 결혼을 약속한 사이일지라도 시골 동네에서는 흉이 될 수 있다고 했다. 그건 명분일 뿐 초라한 집을 미리 보여주기 싫은 게 속내였다. 당시 속마음은 후일 들었다. 푸른 초원 위 하얀 집일까, 대청마루가 넓은 기와집일 거야. 수십 채의 집을 짓고 부수며 그림 같은 집을 상상하던 그해 가을 우리는 결혼을 했다.

마을 어귀에는 늙은 느티나무가 서 있고 돌담길을 따라 고샅을 지나니 우물 하나가 보였다. 두레박을 물고 있는 우물 옆에 녹슨 철 대문이 비스듬히 열려 있는 집 앞에 멈춰 섰다. 남편 뒤를 따라 들어갔다. 마당에는 길게 목을 뺀 펌프와 살구나무 한 그루가 서 있었다. 빗자루 자국이 선명한 마당에는 노랗게 물든 나뭇잎이 한두 잎 소리 없이 지던 날이었다.

 방 두 칸에 부엌 하나, 방에 들어갈 때마다 허리를 굽혀야 하는 작은 집에서 우리의 신혼이 시작되었다. 장롱 하나에 두 사람이 누우면 꽉 차는 방. 아궁이에 군불을 때고 강에서 빨래를 했다. 살구나무에 새움이 돋기 시작하는 봄이 되었다. 살구나무 가지마다 연분홍 꽃망울이 터질 듯 부풀어 올랐다. 수천 개 꽃등은 담 너머 골목까지 환하게 밝혔다. 대문 앞 우물가에 아낙들 웃음소리가 햇살처럼 번지던 봄날 임신을 알게 되었다. 시도 때도 없는 헛구역질에 물 한 모금도 삼킬 수 없을 만큼 심한 입덧에 시달렸다. 모두 일터로 나간 빈집, 긴 봄날 하루는 무료했다. 설핏 든 잠결에 놀라 눈을 뜨면 꽃 그림자가 문 앞까지 와 기다렸다. 한 아름 꽃다발 들고 찾아온 손님처럼.

 살구꽃이 노란 햇살에 톡톡 튀어 올랐다. 팝콘 같았다. 문득 튀밥이 먹고 싶었다. 고소한 튀밥 한 줌이 눈앞에 어른거려 마당으로 나왔다. 나뭇가지 하나를 휘어잡아 꽃을 훑어 입안에 털어 넣었다. 혀끝에 닿는 씁쓰름함, 입안이 텁텁했다. 달콤하고 고소한 튀밥이 아니었다. 먹지 못해 눈에 헛것이 보였나, 꽃으로 정신이 몽롱해진 때문일까. 순간 눈물이 핑 돌았다. 지금도 살구꽃이 필 때면 그때 생각에 까닭 없이 섧다. 입덧 중에는 먹고 싶은 것이 실시간 다르다. 순대가 먹고 싶다가 정작 사들고 오면 칼칼한 떡볶이를 찾고, 포도가 먹고 싶다가 갑자기 딸기가 생각난다. 종잡을 수 없는 입맛은 결코 내 변덕스러움이 아니라 순전히 뱃속 녀석 때문이라고 항변을 하지만, 곁에서 지켜보는 사람은 당혹스럽다.

꽃 진 자리에 배총 떨어진 살구들이 조롱조롱 붙어 있다. 하나를 따 입에 넣으면 느끼하던 속이 초록 물에 씻은 듯 개운해졌다. 그렇게 풋살구가 입덧을 가라앉히며 익어갔다. 아침이면 은은한 속살을 내보이며 떨어져 있는 살구, 바가지를 들고 마당으로 나가 주웠다. 누렇게 익은 살구 하나를 쩍 갈라 입에 넣었다. 부드러운 과즙이 혀에 감길 듯 달콤하다. 비 내리는 날은 '툭툭' 살구 떨어지는 소리가 마당에 가득했다. 나무에서 분리되는 순간의 짧은 파장, 그 소리에 용수철처럼 튀어나오는데 등 뒤에서 어머님이 한마디 하셨다.

"신 걸 저리 좋아하니 보나마나 딸이것다."

살구로 연명하는 며느리가 걱정되는 건지, 사내아이가 아니어서 섭섭한 건지. 찬바람이 불던 겨울에 살구 같은 살빛의 딸을 낳았다. 살구나무를 처음 봤을 때가 생각난다. 마당에 주인보다 당당하게 서 있던 나무. 결혼 전 남편이 집에 데리고 가지 않은 이유를 알았을 때 실망보다 토담 옆에 기대선 살구나무 한 그루가 마음에 들었다. 마당에 꽃나무 한 그루 있고 담 밑 화단에는 철 따라 꽃이 피고 지는 곳, 시골에 대한 동경은 이렇듯 환상적이었다.

다들 우리 집을 살구나무집이라고 불렀다. 살구 같은 아이들이 주렁주렁 셋이나 태어나기 전까지 그렇게 불렀다. 농사일에 종종걸음을 치다 하루해가 저물고 밭에서 돌아오면 흙 묻은 아이들은 씻지도 않은 채 잠이 들곤 했다. 농사일에 치이고 아이들과 부대끼느라 봄이 오는지, 살구꽃이 피는지 잊고 살았다. 아이는 자라고 나무는 늙었고 나는 나이를 먹었다. 마당 살구나무는 더 이상 탐스러운 꽃송이를 보여주지 않고 벌레 먹은 잎은 쪼그라들어 말랐다. 한때 마당을 덮고도 남았던 무성한 살구나무는 끝내 기운을 잃고 말았다. 내게 많은 추억과 위안을 준 나무였다. 입덧으로 아무것도 먹지 못할 때 유일하게 입맛을 달래주던 살구. 여름에는 푸른 그늘이 더위를 식혀주고 동네 우물가를 지켜주기도 했다.

병든 살구나무는 베어졌다. 그루터기에 서면 아직도 살구꽃이 핀다. 지붕 밑으로 어둠이 고이는 한밤중 살금살금 피어나던 살구꽃이 꽃비 되어 흩날린다. 해마다 봄이 오면 가슴에도 살구꽃 같은 그리움이 핀다.

눈물점

설 전날 손녀가 태어났다. 신생아실 앞에서 우리는 새생명과 첫 만남을 기다리고 있었다. 유리벽 너머 커튼이 열리고 간호사가 아기를 거꾸로 세워 엉덩이를 세차게 때렸다. 울음이 터졌다. 세상을 향한 첫 신호, 삶의 출발점에서 호흡의 개시를 알리는 울음이 우렁차다. 순간 눈물이 핑 돌았다. 축하의 웃음을 나눠야 할 자리에 눈물이라니. 순산을 기뻐하며 환하게 웃던 사돈 내외와 아들이 의아한 표정으로 쳐다본다. 나는 이렇게 손녀와 첫 만남을 눈물로 시작했다.

어느 때부턴가 별스럽지 않은 일에도 눈물이 난다. 식구들과 티브이를 보다가 슬픈 장면이 나오면 시선은 일제히 나를 향한다.

"엄마 또 운다."

정작 드라마 내용보다 '운다'는 말에 또 콧날이 시큰해진다. 몇 해 전 초등학교 동창회에 참석한 적이 있었다. 한 친구가 나를 보자마자 말했다.

"너 그때 걸핏하면 울었지."

수십 년 만에 만난 첫인사치곤 황당했지만 짐짓 여유롭게 웃어 넘겼다. 그 친구의 기억 속에 잘 우는 아이로 각인되어 있었다는 사실이 썩 유쾌하진 않았다. 그 말이 '너는 나약한 울보였어'로 들렸기 때문일까. 내 얼굴 양쪽 눈 밑에 점 두 개가 있었다. 같은 위치에 비슷한 크기의 점이 흔치 않아서일까. 그 점을 보고 주변 사람들은 꼭 한마디씩 했다. 얼굴 중앙에 까만 점이 시선을 끌어 매력적이라는 사람도 있었지만, 대부분은 눈 아래 점은 관상학적으로 좋지 않다고 했다.

"눈물점은 빼야 한데이."

어린 시절 듣던 말은 자란 후에도 부적처럼 붙어 다녔다.

'내가 눈물이 많은 건 눈물점 때문일지도 몰라.'

거울을 볼 때마다 거슬려 찜찜하던 문제의 점을 피부과에서 제거했다. 오래전 일이다. 눈물점은 얼굴에서 사라졌지만 여전히 잘 운다. 내 눈물의 근원은 무엇일까. 어려서 할머니는 나만 보면 울었다. 방학이 되어 할머니를 찾아가면 붙들고 한바탕 눈물바다가 된다. 밥을 먹다가 눈물을 훔치고 잠을 자다가 울었다. 할머니 곁에서 끝도 없이 흐르는 눈물에 흠뻑 젖은 솜뭉치가 되어 돌아오면 오래도록 슬펐다. 나는 할머니의 눈물이었다. 저세상으로 떠난 아들이 남긴 눈물, 마르지 않는 눈물이었다. 그런 할머니가 싫었다. 남들 앞에 구질구질하게 눈물을 보이는 것이 싫고, 나약함을 드러낸다는 생각에 자존심이 상하여 때론 자괴감에 빠지기도 했다. 하지만 나는 그런 할머니 눈물로 자랐다. 내 몸의 일부는 할머니 눈물일 터이니, 아무리 떨쳐 버리려 애를 써도 끊임없이 달라붙는 건 당연한지 모른다.

'눈물'에 나란히 있는 모음 'ㅜ'는 물이 고여 있는 형상이다. 고인 물을 비우고 나면 가벼워지듯 눈물을 흘리고 나면 개운해진다. 울고 싶을 때 우는 건 자연스러운 감정 표현인데 사람들은 눈물에 인색하다. 누구든 눈물을 흘릴 때 가장 인간적인 모습이 된다. 눈물 한 방울로 상대방을 움직이기도 하고 때론 닫힌 마음을 풀고 굳어 버린 마음을 녹이기도 한다. 정호승 시인은 〈내가 사랑하는 사람〉이란 시에서 눈물을 이렇게 노래했다.

나는 눈물이 없는 사람을 사랑하지 않는다
나는 눈물을 사랑하지 않는 사람을 사랑하지 않는다

어둠이 있어 빛의 소중함을 알듯 눈물을 흘려 봐야 기쁨이 뭔지 알 수 있다. 좀처럼 눈물을 보이지 않는 사람도 있다. 그러나 눈물을 보이지 않는다고 울지 않는 건 아니다. 가슴으로 우는 속울음이 더 아프다. 꾹꾹 눌러 참았다 떨어지는 눈물 한 방울, 숨길 수 없는 슬픔의 사리다. 삶이 힘들거나 속죄가 필요할 때, 상처 난 가슴을 달래고 어루만질 때는 눈물이 필요하다. 씻고 닦아내야 비로소 정화된 자신과 만나게 되리라. 누군가를 위해 뜨거운 눈물 한 바가지 흘릴 줄 아는 사람이면 좋겠다.

들깨를 털며

 지난해 자두나무 캐낸 자리에 들깨를 심었다. 일도 쉽고 소득도 괜찮다는 지인의 권유에 밭갈이를 하여 두둑을 만들고 비닐을 덮어 씨를 묻었다. 새 떼 등살에 파종을 몇 번 하긴 했지만 쑥쑥 잘 자랐다. 여름내 초록 물결을 이루던 들깨는 가을이 되자 큰 키를 지탱하지 못하고 쓰러졌다. 미처 여물기도 전 기운을 잃고 쓰러진 들깨, 대궁을 일으켜 세워 베느라 힘이 곱절로 들었다. 한 가닥씩 잡고 낫을 갖다 댈 때마다 낟알은 떨어져 흩어졌다. 당연히 수확은 기대에 미치지 못했다.

 올해 다시 들깨를 심었다. 우선 모판에 씨를 부은 후 모종을 옮겨 심는 방식을 택했다. 그렇게 하면 뿌리도 튼튼하고 적응력도 뛰어나다는 주변의 조언을 따랐다. 대부분의 농작물은 수분 증발과 잡초 억제를 위해 비닐 멀칭을 한다. 그러나 들깨는 내성이 강해 척박한 땅에서도 잘 자란다. 웃자람이 자칫 부실한 결실로 이어질 수 있어 굳이 비옥한 땅을 고집할 필요도 없는 작물이다. 지난해 질식할 것 같다고 소리치는 흙의 아우성과 달리 비닐을 덮지 않은 밭에는 건강한 흙의 숨소리가 들리는 것 같다. 모종은 손으로 뽑아 올리듯 잘 자랐다.

밭골을 타고 서너 포기씩 묻으니 모종을 옮겨 심는 일은 생각보다 쉬웠다. 뜨거운 칠월 볕에 축 늘어진 들깨 모종이 밭이랑에 코를 박고 있다. 젖도 떼지 못한 아기가 엄마 품을 벗어난 것처럼 들깨는 심한 낯가림에 고개도 들지 못한다. 땡볕에 시난고난하던 모종이 때맞춰 내린 비에 빳빳하게 허리를 일으켜 세웠다. 과수원 일이 바빠 오랜만에 들깨밭에 갔다. 여름 깃발을 세우고 진격한 초록 군단에게 점령당한 들깨밭이 풀밭으로 변해 있었다. 주객이 전도되었다. 그늘 한 점 없는 땡볕 아래 앉아 종일 밭을 맸다. 뽑고 돌아서면 고개를 쳐드는 잡초의 극성도 가지가 벌기 시작할 즈음 끝났다. 순을 칠 때마다 가지는 기하급수적으로 늘어났다. 점점 곁가지가 불어나 들깨 한 포기가 절구통처럼 빵빵해졌다.

산에 핀 구절초 한 포기를 베란다 화분에 심은 적이 있었다. 함초롬하고 은은한 향이 좋아 옮겨왔다. 양지바른 베란다에서 마음껏 물을 마시고 주인의 관심도 받았다. 그러나 구절초는 시름시름 앓더니 이내 숨을 거두고 말았다. 옮겨 심고 순을 쳐 줘야 잘 자라는 들깨와 달리 구절초는 처음 뿌리 내린 곳이 제자리였던 것이다. 수돗물 한 바가지보다 바위 틈 바람과 이슬 한 모금이 더 간절했던 구절초, 그걸 모른 내 무지가 빚은 참사였다. 존재하는 모든 생명들은 각자 속성대로 살아가는 방식이 다르다. 본성대로 살아가는 것이 가장 아름답고 자연스럽다는 걸 새삼 느꼈다. 들깨와 구절초도 이렇듯 다른데 성격과 외모가 각양각색인 우리네 삶이야 말해 무엇하겠나.

들깨는 메마른 땅에서도 잘 자라 다른 작물보다 농사짓기가 수월하다. 생존력이 강해 척박한 땅에서도 두어 번

등을 다독여 주기만 하면 쑥쑥 큰다. 때맞춰 순을 쳐 주면 된다. 들깨는 단단해지기 위해 가지가 잘려 나가는 아픔쯤은 참을 줄 안다. 작년에는 들깨 생리를 몰라 다른 작물처럼 비닐을 덮고 비료를 주면 잘 자랄 줄 알았다. 거름과 비료도 넘치면 뿌리가 썩고 키가 웃자라 열매가 부실하다. 만사 과유불급이라고 하지 않았던가. 조급함도 과욕도 버리고 느긋하게 지켜봐야 하는 들깨는 게으른 농부가 짓기 딱 좋은 농사인지 모른다.

꽃 진자리 꼬투리마다 가득 들깨가 여물어간다. 누르스름하게 여문 들깨를 베어 눕힌다. 누운 들깨 대궁을 들썩이며 바람이 지나간다. 사방에 들깨 향이 진동한다. 넓은 포장 위에 세워 둔 마른 깻단을 풀어 타작을 한다. 도리깨가 파란 하늘을 한 바퀴 돌아 내리친다. 깨알이 '쏴아' 소나기처럼 쏟아진다.

외딴 방

 우리가 살던 집은 방이 세 칸이었다. 몇 번 아파트를 옮겨 다녔지만 방 개수는 변함이 없었다. 세 개 중 하나를 우리 부부가 쓰고 딸아이에게 방을 주고 나면 두 아들은 늘 같은 방을 써야 했다. 식구 수에 못 미치는 방으로 불평하던 아이들이 떠난 집은 이제 방이 남아돈다. 현관에 놓여 있던 다섯 켤레 신발은 두 켤레로 줄었고 아들 녀석 방 타령도 끝났다.

 아파트에는 둘만 남았다. 방 두 개는 명절 때나 모이는 아이들을 기다리며 비어 있다. 아들이 쓰던 컴퓨터로 인터넷 바둑을 즐기는 남편, 아들 방은 기원이 되었다. 모니터

와 마우스의 접전으로 뜨거운 방은 하루에도 몇 차례씩 대국이 이루어진다. 작은 방 하나는 내 방이다. 책장과 앉은뱅이책상 그리고 낡은 노트북이 전부인 방. 외진 곳은 아니지만 이 방을 나는 외딴 방이라 이름 붙였다. 커튼을 내리고 촛불 하나 켜면 침묵과 고요가 외딴 방으로 모여든다. 거실에서는 티브이 혼자서 세상 이야기를 쏟아내느라 왕왕거리지만 우리는 각자의 방에서 다른 방법으로 논다.

사춘기에 방을 갖고 싶었다. 밤늦도록 책을 읽고 마음껏 라디오를 들을 수 있는 공간이 있다면 얼마나 좋을까. 하지만 방 두 칸에 대여섯 식구가 사는 집에서 내 방을 갖는 건 불가능하기에 일찌감치 포기하였다. 이불을 뒤집어쓰고 듣던 라디오. 그때마다 라디오 잡음보다 심한 할머니 잔소리도 따라왔다.

중학교 다닐 때다. 친구와 어울리다 집에 갈 시간을 놓치는 날은 이모 집에 갔다. 읍내에서 잡화상을 하던 이모네 집은 방이 여러 개 있었다. 안방 사랑방 건넛방 그러고도 몇 개 더 있는 방은 가게 물건을 쌓아두는 창고로 쓰기도 했다. 그중 기억에 남는 방 하나가 있다. 부엌 안쪽에 잘 숨겨져 있는 방이다. 그 방에는 이불을 개서 올려놓는 작은 선반이 있고 옷을 거는 횃대가 있었다. 작디작은 구석방을 이종사촌은 식모 방이라고 불렀다.

 방주인은 내 또래 아이였다. 솥뚜껑도 마루도 반짝반짝 윤이 나도록 쓸고 닦던 아이는 한참 지나서 갔을 때 보이지 않았다. 식모 방은 빈방이 되었다. 깔끔한 성격인 이모 눈에 차지 않았던 모양이다. 그때 콧구멍만 한 식모 방이 부러워 나도 식모가 되고 싶었다. 식모 방 주인은 자주 바뀌었다. 식모로 이름 붙여진 꽃다운 나이 처녀들은 작은 구석방에서 주인집 눈치를 보면서 얼마나 숨죽여 살았을까.

 수많은 방을 거치며 살았다. 전세로 얻은 단층 주택은 방 두 개에 다락방이 있었다. 방이 두 개였지만 겨울에는 외풍이 심해서 다섯 식구가 함께 자고 같이 일어났다. 안방 벽에 붙은 작은 문을 열면 다락방으로 올라가는 계단이 나온다. 문을 닫으면 벽이 되는 숨은 공간인 셈이다. 아이들 숨바꼭질할 때 비밀 장소로 이용하거나 잡동사니를 수납했다. 올라가면 어둡고 칙칙했지만 외진 곳, 구석이 주는 느낌은 아늑하고 편안했다. 내가 다락방에 올라가면 아이들도 줄줄이 따라왔다. 콩나물시루처럼 둘러앉아 있으면 웃음소리는 낮은 천장에 부딪혀 떨어졌다. 지난 시간 중 가장 행복했던 순간을 들라면 처음 분가해서 다락방이 있던 집으로 이사한 날을 꼽고 싶다.

  마음속 빈방에 불을 켠다. 쌓였던 먼지를 털고 거미줄을 걷어낸다. 곰팡내 나는 방을 쓸고 닦았다. 기억이 사라지기 전 모두 불러 모아 꼭꼭 쟁여놓아야겠다. 녹아 없어질지 모를 솜사탕 같은 추억, 한때 달뜨게 했던 연정도 마음 방에 들어앉히고 낡은 이야기 한 토막도 마음 벽에 펼쳐놓아야겠다. 나의 외딴 방으로 지난날을 모두 불러 모아야겠다.

  *외딴 방: 신경숙 소설 제목에서 가져옴.

기억은 단순히 사라진 시간을 저장하는 창고가 아니다. 삭히고 발효시키며 술이 익듯 기억은 새로움으로 다가온다. 한모금의 술이 목덜미를 타고 넘어갈 때 지난 추억은 향기와 빛으로 되살아난다. 겨울이기에 따뜻함이 그리워지고 돌아갈 수 없기에 더욱 간절해지는 것, 바로 톱밥 날리던 제재소와 그 안의 사람들이다.

4장

그리운 계절

메뚜기, 날다

매화차 향기

예던 길을 걷다

큰 나무

코스모스 다방

몸이 운다

성진골을 소환하다

두릅을 위하여

주문

그리운 계절

눈이라도 푹푹 내려야 할 12월에 추적추적 비가 내린다. 계절은 비우고 내려놓음으로 고요한 안식의 시간 속으로 들어갈 채비를 서두른다. 마른 대지에 곤두박질하는 빗방울 소리, 고개를 쳐들고 아우성치는 감성의 촉각을 애써 누른다. 그러나 이미 나뭇가지를 타고 흘러내리던 빗물은 가슴까지 적시고 만다.

나는 겨울이 좋다. 아니, 가지 끝에 마른 잎들이 한두 개 매달려 있는 늦가을을 건너 초겨울로 향하는 이즈음이 좋다. 첫눈의 설렘도 이맘때쯤이고, 어린 시절 방학과 크리스마스를 지루하게 기다리는 시기도 요맘때이니 오래전부터 겨울 초입을 좋아했던 것 같다. 한 해의 농사를 끝내고 월동준비까지 마친 한가한 시간, 지금부터는 오로지 자신을 위해 쓸 수 있는 시간을 스스로 배정한다.

 훌쩍 여행을 떠날까, 오래 만나지 못한 친구를 만날까, 읽고 싶었던 책을 읽을까. 겨울 문턱에서 농사꾼이 느낄 수 있는 여유가 즐겁고 작은 사치에 행복해진다. 창밖은 여전히 겨울비가 조용히 내리고 있다. 전기스토브를 켜니 금세 코일이 주홍색 홍시처럼 빛난다. 추울 때는 뜨거운 것이 좋다. 음식이든 눈물이든 혹은 추억이든 뜨거운 것이 최고다.

 스무 살 남짓 하던 해, 나는 제재소 여사무원으로 일을 했다. 원목을 사들여 집 재목을 만드는 그곳에서 나무 치수로 가격을 계산하는 것이 주 업무였다. 공장 마당에는 항상 나무가 산더미처럼 쌓여 있었고 송진 냄새와 기계톱 소리가 요란했다. 제재소는 일 년 중 겨울철이 가장 한가했다. 원목은 기둥이나 대들보로 쓰이고 상자로도 만들어지고 거기서 잘려 나온 것들은 땔감이 되었다. 추운 겨울 굵은 나무 둥치를 어깨 위에 걸머메고 운반하던 인부들,

그리운 계절 · 155

기계톱 앞에 통나무를 올려놓고 밀고 당기던 아저씨들은 언 손발을 녹이기 위해 구석에 있던 난롯가로 모여들곤 했다. 시야에 잡히는 것들은 늘 똑같은 풍경이었다. 힘든 노동에 그을린 검붉은 얼굴과 산처럼 쌓인 원목, 톱밥 먼지와 불티 그리고 억센 사내들의 농담. 스무 살 청춘은 지루하고 무덤덤하게 흘러가고 있었다.

제재소 사무실 옆에는 정부 양곡 보관창고가 있었다. 곡식을 보관해 두고 필요한 데로 배급해주던 곳인데 주로 군부대나 교도소 같은 기관에서 가져갔다. 군인들이 트럭을 타고 와 쌀이나 보리쌀을 차에 가득 실어가곤 했다. 병사들이 쌀자루를 어깨에 둘러메고 군용차에 싣는 모습을 여느 날처럼 무료하게 바라보고 있을 때였다. 창고지기가 군인 한 명을 데리고 사무실로 왔다. 병사들 중 가장 계급이 높은 인솔자인 듯했다. 감기로 몸이 안 좋으니 그에게 난로를 좀 쬐게 해주란다.

사무실 난로를 중심으로 책상에 앉은 나와 밖을 내다보는 그. 숨소리까지 들릴 것 같은 좁은 공간에서 눈길을 어디로 둘지 난감했다. 그날 이후 그는 양곡을 가지러 올 때마다 일이 끝날 때까지 사무실에 들어와 기다렸다. 처음에는 서먹하고 불편했지만 조금씩 익숙해지기 시작했다. 그는 안부를 묻기도 하고 내일쯤 양곡 가지러 창고에 간다며 묻지 않는 말을 전화로 알려 주기도 했다. 통신병인 그는 심심하면 전화를 했다. 제법 농담까지 할 만큼 우리는 친해졌다. 사무실 나가는 일이 즐거웠고 하루하루 생기가 돌았다. 그도 양곡을 싣는 날을 기다리는 듯했고 나 역시도 얼룩무늬 군용차가 들어서면 가슴이 두근거렸다. 양곡을 가득 싣고 트럭이 떠나면 남아 있는 그의 체취로 난로 앞이 허전했다. 봄이 되어 난로를 철거한 후에도 사무실에 들어오는 일은 이미 자연스러웠다.

 마음의 기울기가 그를 향하고 있을 무렵 그를 볼 수 없었다. 왜 안 올까, 무슨 일이 있을까 궁금했지만 바뀐 수송병에게 물어볼 용기가 나지 않았다. 트럭이 몇 번을 왔다 갔지만 그의 모습은 보이지 않았다. 어느 날 후임으로 온 인솔자에게서 제대를 했다는 사실을 알게 되었다. 순간 뒤통수를 맞은 것처럼 황당했다. 그 사람에게 내 존재가 어떤 의미였을까. 고작 이 정도였던가. 이런 그를 혼자 가슴앓이하며 기다렸단 말인가. 얼굴이 확 달아올랐다. 제대 말년의 무료함을 달래기 위한 심심풀이 땅콩이었을까.

'아니야, 조금이나마 내게 호감을 가졌을 거야. 그 눈빛은 진지했어. 작별 인사라도 하고 떠나는 게 최소한의 예의인데 기본도 안 된 사람이야. 잘된 일이야.'

이런저런 생각으로 스스로를 위로하였지만 난롯가에 서 있던 그 모습을 지우기까지는 꽤 많은 시간이 흘러야 했다.

기억은 단순히 사라진 시간을 저장하는 창고가 아니다. 삭히고 발효시키며 술이 익듯 기억은 새로움으로 다가온다. 한모금의 술이 목덜미를 타고 넘어갈 때 지난 추억은 향기와 빛으로 되살아난다. 겨울이기에 따뜻함이 그리워지고 돌아갈 수 없기에 더욱 간절해지는 것, 바로 톱밥 날리던 제재소와 그 안의 사람들이다. 걸쭉한 농담으로 쌓인 고단을 풀어내던 그 아저씨들은 지금쯤 어디서 무얼 하고 있을까. 말없이 떠난 말년의 그 군인은 어떻게 살고 있을까. 짝사랑의 비애를 톡톡히 가르쳐 준 그 사람도 이제 중년의 허름한 모습으로 늙어가고 있겠지. 세련되지 못해 서

툴고 철없어 순수했던 그때, 오래된 기억 속에 묻힌 이야기 하나가 메마른 계절 촉촉한 그리움으로 살아난다.

메뚜기, 날다

'타닥'

가스레인지에 불을 켜는데 강하게 부딪히는 소리가 났다. 얼른 가스 밸브를 잠그고 주변을 둘러봐도 별 이상이 눈에 띄지 않았다. 경보기가 작동하지 않는 걸 보면 가스가 새는 건 아닌데 무슨 소리일까. 순간 주방에 긴장이 흐른다. 소리의 진원지를 더듬던 눈길이 멈춘 곳은 싱크대 뒤 후미진 곳이다. 그곳에 잔뜩 몸을 웅크린 메뚜기 한 마리가 앉아 있었다.

'아, 녀석이 가스 점화에 놀라 뛰어올랐구나.'

튀는 불꽃에 달아난 녀석보다 정작 내가 더 놀랐다. 한

바탕 소란을 겪은 후 아침 준비를 하는데 메뚜기는 어느새 주방 바닥까지 내려와 있다. 풀숲에 있어야 할 녀석이 어쩌다 높은 아파트까지 왔을까. 문득 며칠 전 일이 떠올랐다.

  가을 들판이 노릇노릇 익어갔다. 벼들의 정중한 인사를 받으며 논둑을 걸어가는데 뭔가 발치에 걸렸다. 본능적으로 위급함을 감지한 메뚜기 떼가 벼이삭을 흔들며 후드득 여름 소나기처럼 흩어졌다. 한동안 농약 사용으로 보이지 않던 메뚜기들, 오래 잊고 지낸 친구를 만난 듯 반가웠다. 논둑 밑에서 페트병 하나를 주워 병이 가득 차게 메뚜기를 잡았다. 그날 저녁 볶은 메뚜기와 추억을 안주 삼아 소주 한 잔을 마셨다. 일주일 전 일이다.

  나는 시골 생활이 숨 막혔다. 사람들의 지나친 관심이 불편했고 사소한 일도 눈치를 살피게 되는 이웃이 부담스러웠다. 결혼 후 곧 분가할 줄 알았는데 남편은 어머님을 두고 우리끼리 나가 사는 것을 내키지 않아 했다. 아침에 눈을 뜨면 내가 채워야 할 하루의 시간이 먼지처럼 수북하게 쌓여 있었다. 아이들을 돌보며 익숙하지 않은 농사일하기도 힘들었지만 그보다 힘든 건 어머님과의 관계였다. 외며느리에 대한 기대치에 턱없이 부족하고, 모든 것이 서툴고 여물지 못하니 반눈에도 차지 않은 건 뻔한 일이다.

여느 집 며느리처럼 뭐든 척척 알아서 하길 바랐다. 구멍 난 양발을 덧대 기워 신을 만큼 절약을 강조했다. 그런 어머님의 생활 방식이 답답하고 숨 막혔다. '다 너희를 위해서'라는 당당한 이유 앞에서는 늘 한마디 불만도 내놓지 못했다. 가슴에 돌을 얹어 놓은 것 같았다.

그러던 어느 날 남편이 새 부임지로 발령이 났다. 부득불 이사를 가야 할 상황이 되었다. 아니, 부득불이 아니라 불감청이었다. 어머님은 논 두 마지기를 팔아 전셋집을 마련해 주셨다.

이사하는 날이었다. 이삿짐 옮겨 주던 이웃 사람들이 섭섭해 할 어머니를 위로하자 며느리 속을 꿰뚫듯 한마디 하신다.

"지들끼리도 살아 봐야제."

뜨끔했지만 못 들은 척했다. 이삿짐을 실은 트럭이 골목을 빠져나와 마을 어귀를 벗어났다. 접혔던 날개를 펴고 하늘을 날아오르듯 벅찼던 그날이 잊히지 않는다.

  그때 무리에서 살아남은 녀석이 틀림없다. 구사일생으로 목숨은 건졌지만 녀석에게 아파트는 답답한 감옥이다. 풀 한 포기 이슬 한 방울 없는 삭막한 공간을 벗어나기 위해 탈출을 시도한 것이다. 본능적으로 빛을 향한 더듬이를 가동시켰을까, 아니면 바람의 이끌림을 따라 움직이는 걸까. 거실 문 앞에 멈춰 한참 머뭇거리더니 메뚜기는 밝은 곳으로 머리를 돌려 베란다 쪽으로 향한다. 화분에 숨어 잠시 쉴 법도 한데 본체만체 오로지 전진할 뿐이다. 베란다 바닥을 통과해 난간까지 올라갔다. 뛰어내릴 자세다. 작은 몸에서 느껴지는 단호함이라니. 파르르 다리가 떨리더니 활짝 편 날개가 공중으로 날아올라 곤두박질한다.

  '툭'

  베란다 난간 아래를 내려다본다. 지상에 발 내딛는 소리 공명처럼 들리고, 저만치 이삿짐 트럭 한 대 가볍게 솔고개를 넘는다.

매화차 향기

 봄꽃이 급하다. 산수유가 피고 목련이 지고 개나리가 피고 진달래가 진다. 방식거리며 피어나고 시무룩하게 진다. 벚꽃이 한바탕 웃음꽃을 터트리더니 화무십일홍이다. 아쉽지만 꽃이 진다는 것은 소멸이 아니라 완성이라고 했다. 그렇다면 낙화는 끝남이 아니라 새로움을 위한 사라짐이 아닐까. 조용히 떠나가는 것들. 봄의 배경이 된 꽃, 그것만으로 꽃의 존재 이유는 충분하다.
 친구가 매화차를 보내주었다. 뜨거운 물에 마른 꽃을 넣었다. 찻잔 속에서 꽃잎이 열린 은은한 향기가 방 안에 가득하다. 따뜻한 차가 목구멍 깊숙이 타고 흐르니 봄을 다

들어 마신 듯 깊은 향에 취한다.

"글 쓰다가 안 풀리면 매화차 한잔 마시고 해."

친구의 말에서 향기가 난다. 꽃송이 하나하나 따서 말린 정성이 지극해 몇 번을 우려 마셨지만 글 한 편 쓰지 못한 채 봄을 보내게 되었다. 그러나 깊고 은은한 차 맛을 즐길 때마다 몸 어딘가에서 매화 한 송이 필 것 같은 착각에 젖었다.

지난봄, 친구는 암 진단을 받았다. 무척 밝고 건강하던 친구였다. 너무 놀라 무거운 마음으로 며칠을 보냈는데 정작 본인은 담담했다. 그동안 항암치료에 매달려온 친구가 정상 판정을 받았다며 문자를 보내 왔다. 작년 이맘때 시작한 항암 치료가 이 봄에 끝난 것이다.

"이제 갸들하고는 상종도 말어."

내 말에 친구는 매화꽃처럼 환하게 웃었다. 그동안 힘들었을 치료와 마음 졸이며 결과를 기다린 친구의 얼굴이 떠올랐다. 눈부신 이 봄을 더 오래 붙들어 두고 싶어 매화차를 보냈을까. 친구의 아픈 상처가 꽃이 되어 향기로 피어나길 바라며 찻물을 올린다.

예던 길을 걷다

35번 국도를 따라 도산서원으로 가는 길은 한적하여 좋다. 칠월 숲은 왕성한 성장 동력을 가동하며 절정을 향하지만 호수에 잠긴 갈맷빛 산과 들은 고요하기만 하다. 산과 물이 이처럼 잘 어우러지는 곳도 흔치 않을 것이다. 하긴 우리 땅 어딜 간들 산수가 수려하지 않은 곳이 있을까. 예로부터 금수강산이라고 부르지 않던가. 등잔 밑이 어둡다더니 곁에 두고도 보지 못하는 건 밝지 못한 내 눈 탓이리라. 올망졸망 둘러앉은 논과 밭, 젖 물린 어미 등 같은 안온한 산등성, 강물에 발목을 적시고 선 산빛이 푸르다.

머리를 식히자고 집을 나섰다. 그건 핑계일 뿐, 구실을 만들어 콧바람이라도 쐬고 싶어서 나온 것이다. 아파트를 벗어나는 것만으로도 가슴이 시원하게 뚫린다. 매미소리 우렁찬 여름 숲은 꽃 거둔 이파리의 눈부심으로 더욱 청정하다. 국도를 벗어나 도산서원으로 접어들었다. 꼬불꼬불 꼬리가 꼬리를 물고 가는 길, 아무리 급해도 속도를 낼 수 없는 길, 자동차 바퀴가 신음하는 길, 발 빠른 청설모마저도 이 길에서는 느긋하다. 화살촉같이 뾰족했던 마음도 누그러지는 건 곡선의 부드러움 때문일까.

  도산서원 주차장을 지나 퇴계 종택으로 가는 길은 오르막이다. 산이 산을 업고 길이 길을 물고 서 있는 산길, 이 고즈넉한 고갯마루를 넘을 때마다 나는 자동차에서 내리고 싶은 충동에 사로잡힌다. 조붓한 길을 터덜터덜 걸어가다가 만나는 기와집은 마치 어린 시절 외갓집으로 가기 위해 넘었던 그 산길과 많이 닮아 있다. 긴 계곡을 따라 산등성을 오르던 좁고 가파른 길은 밤새 내린 이슬에 운동화가 흠뻑 젖었다. 열서너 살 소녀의 책가방과 젖은 운동화의 무게만큼 무거웠던 날들, 이 길에서 그때 기억을 만났다.

제주 올레길, 지리산 둘레길에서 멀리 산티아고 순례길까지 아름답거나 걷기 좋은 길은 수많은 사람들을 길 위로 불러 모은다. 길이라고 다 같은 길은 아니다. 올레길, 둘레길이 걷는 길이라면 예던 길은 사색의 길이다. 퇴계 오솔길을 예던 길이라 이름하여 수백 년 전 퇴계 선생이 청량산을 오가던 길을 복원해놓았다. '예던'은 '걷던'이란 뜻의 옛말로, 퇴계 종택에서 시작해 농암종택에 이르는 길이다. 퇴계가 그림 속으로 드는 길이라 극찬할 만큼 자연의 아름다움이 어우러진 길이다. 도산구곡 중 한 구간인 이 길은 선생이 즐겨 다녔던 길이며 선인들이 걸어간 사색의 길이자 삶의 길이다.

고갯마루를 넘자 묵정밭에는 망초가 지천이다. 오른쪽으로 꺾어 개울을 따라가는 길가에 보랏빛 싸리꽃이 넌출거리고 허리 굽은 길이 이어졌다. 모퉁이를 돌아서니 이육사 문학관 표지판이 반긴다. 원천리를 지나 전망대에 도착했다. 산은 강물 속으로 내려앉았고 구름 한 점 능선에 걸려 이산 저산 기웃대고 있다. 산이 강을 데리고 가는지 강이 산속으로 들었는지 천 길 물 겹겹 푸른 산이 펼쳐져 있다. 길은 전망대를 내려와 초입부터 헷갈렸다. 숨었다가 나타나고 다시 사라지는 길, 강 옆구리를 끼고 걷는데 표지판 하나가 눈에 띈다.

'이곳은 사유지로 통행이 불가능'

아하, 그걸 모르고 길 아닌 곳에서 길을 찾았구나.

살면서 길을 잃은 적이 한두 번이던가. 길이 보이지 않아 방황한 날은 또 얼마였던가. 쉽게 찾을 때도 있었지만 때론 헤매다 수렁에 빠진 적도 있었다. 용케 내 발끝에 매달려 따라온 나의 길. 어릴 적 재를 넘고 산길을 따라 외갓집 가는 길은 멀었다. 엄마 뒤를 따라 외갓집 마당에 들어서자 대추나무에서 매미소리가 자지러졌다. 나를 뚝 떼어 놓고 돌아가던 엄마, 산모롱이를 돌아설 때까지 눈은 엄마 뒤를 따라가고 있었다. 보일 듯 말듯 펄럭이던 치맛자락은 작은 점이 되어 아득히 멀어졌다. 그 길 위에는 해마다 무성한 풀만 그리움처럼 피고 졌다.

예던 길, 사람들은 시간을 지우며 이 길을 걸어갔을 것이다. 길은 막혔다가 다시 이어지고 발자국에 찍혀 파인 상처가 신음한다. 길옆으로 유순한 강이 늙은 산을 끌어

안고 흘러간다. 유유자적 퇴계 선생이 즐겨 다닌 길. 훗날 제자들이 순례하듯 이 길을 따라 걸었다고 하니, 예던 길은 성현이 걸었던 길이자 군자가 되고자 애쓴 자기 성찰의 길이다. 퇴계 이황이 학문 수양을 위해 도산서원에서 청량산을 오가던 예던 길, 선생의 높고 깊은 철학적 사상을 이룬 길이다. 그뿐이겠는가. 파도처럼 밀려오고 쓸려가는 삶, 오만가지 인간의 감정들을 발아래 풀어놓고 걷고 또 걸었던 길이리라. 예던 길 저만치 도포자락 휘날리며 걷는 선비 뒤를 물소리와 어깨를 겯고 따라 걷는다.

큰 나무

과수원 들머리에 큰 사과나무 한 그루가 있다. 멀리서 보면 흡사 합죽선을 펼쳐놓은 것 같다. 고만고만한 나무 중 눈에 띄게 큰 이 나무는 우리 소유 이전부터 있었으니 수령이 족히 삼십 년은 된 듯하다. 몇백 년을 사는 나무도 있지만 사과나무 수명에 비하면 삼십 년은 짧지 않은 세월이다. 요즘은 묘목을 심으면 이삼 년 후 사과가 열린다. 십 년은 기다려야 성목으로 자라던 예전에 비할 바가 아니다. 거기다가 관리도 수월하고 노동력까지 덜 수 있어 수종개량이 대세다. 우리 과수원도 대부분 속성수로 교체하였지만 들머리 나무를 포함해 아직 예전 나무가 몇 그루

남아 있다.

어느 때부턴가 우리는 이 나무를 큰 나무라 불렀다. 밭의 경계도 큰 나무를 중심으로 구분되었고 그 지점에서 방향이 설정되었다. 밭으로 가려면 초입에 선 이 나무를 통과해야 한다. 수많은 발소리를 듣고 자란 나무는 해거리 한번 없이 이름값을 톡톡히 하고 두껍고 넉넉한 그늘까지 드리워 주었다. 새참을 먹을 때는 쉼터가 되어 주기도 하는 우리 밭의 수문장이다.

사과꽃이 구름처럼 피었다. 과수원이 온통 꽃 사태로 술렁이는데 큰 나무만 맨송맨송하다. 지난겨울 혹독했던 한파 때문인가, 꽃샘추위에 꽃눈이 얼었나. 나뭇가지에는 새 부리처럼 쏙 내민 잎뿐 꽃은 보이지 않았다. 꽃이 피지 않는 나무는 화장기 없는 맨얼굴 같다. 수척해진 큰 나무가 측은하여 가만히 등피를 어루만져본다. 우둘투둘한 나무의 주름살, 거친 숨소리가 만져진다. 휘우듬한 몸피에 물기 없는 피부, 흡사 구부정하게 서 있는 어머님 같다.

지난가을이었다. 여느 때나 다름없이 이른 아침 시골집에 갔다. 대문을 열고 들어서는데 마당에 어머님이 쓰러져 있었다. 깜짝 놀라 어머님을 일으켜 세웠지만 굳은 몸이 사시나무처럼 떨고 있었다. 새벽에 화장실을 다녀오다 넘어진 것이다. 몇 시간 동안 날이 밝기만을 기다렸을 어머님, 일어서려고 어찌나 애를 썼던지 손발은 흙투성이고 몸은 얼음장 같았다. 마른 풀잎 같은 육신 하나도 자신의 의지대로 할 수 없는 어머님은 고목이 되어 쓰러졌다.

 어머님은 나무 같은 분이었다. 바람을 막아 주고 햇볕을 가려 주던 버팀목이었다. 오랜 세월 나무는 깊게 뿌리를 내리고 수피는 갑옷처럼 단단하였다. 비바람에도 끄덕하지 않는 나무처럼 강한 분, 그래서일까 어머님 입말은 투박했다. 대장이 부관을 거느리듯 어머님은 밭에 갈 때마다 아들 며느리를 앞세웠다. 권위와 권력은 막강했다. 모든 것은 어머님의 진두지휘 하에 진행되었고 목소리는 하늘을 찌르고도 남았다. 어머님 호령에 밭이랑 잡초도 바짝 군기가 들어 행주로 닦은 것처럼 깨끗했다. 그렇게 십 년을 어머님 그늘 아래서 살았다.

 지난겨울 남편은 묵은 사과나무 몇 그루를 베어냈다. 전기톱을 갖다 대자 순식간에 큰 둥치도 맥없이 쓰러졌다.

그루터기마다 삶의 기억만 남기고 나무들이 뭉텅뭉텅 잘려 나갔지만 끝내 버티고 살아남은 큰 나무.

얼마나 많은 바람이 다녀갔던가. 큰 나무는 조용히 봄을 배웅했다. 잎만 무성한 나무를 쳐다보며 남편이 한마디 던진다.

"이 나무도 이제 베야겠다."

나무를 하나씩 제거할 때마다 남편과 실랑이가 벌어진다. 좀 더 두고 보자는 나와 과감하게 잘라내고 다시 심어야 한다는 남편의 생각이 갈린다. 생산성이나 노동력을 따지면 하루라도 빨리 베는 것이 타당하다는 남편의 논리에 나는 결국 밀린다. 머지않아 큰 나무도 우리 곁을 떠날 것이다.

삶은 거죽만으로 알 수 없다. 숨이 멎은 뒤 나이테로, 몸에 박힌 옹이로 고통의 응어리를 짐작한다. 삶의 흔적으로 그 사람을 기억하는 것처럼. 어머님 나이테는 어떤 삶의 무늬가 새겨졌을까. 초록 수의를 준비하는 큰 나무 모습이 초연하다. 다가가 두 팔로 껴안아본다. 나무가 깊숙이 나를 안는다.

코스모스 다방

 내게 커피는 단순히 마시는 것 이상이었다. 사랑과 낭만, 사색을 곁에 두고도 자유를 꿈꾸던 젊은 날의 묘약이었다. 음악을 듣고 누군가를 만나는 곳에는 늘 커피가 있었다. 음악다방에서 흘러나오는 팝송을 들으면 알 수 없는 미래와 설렘이 커피 속에 녹아들었다. 맛도 멋도 잘 모르던 날에 마시던 커피는 내게 위안이었다. 인연도 커피로 시작되었다.

 양가 고모님 소개로 그를 처음 만난 곳은 코스모스 다방이었다. 서먹하고 어색한 순간에 가녀린 아가씨가 테이블로 와서 차 주문을 권했다.

"쌍화차 넉 잔 주세요."

그는 상대 의사도 묻지 않고 주문을 해버렸다. 비싼 쌍화차 주문에 흡족한 표정의 두 고모님과 달리 난 너무 황당했다. 기본 예의도 모르는 매너 없는 이 남자, 마음은 저만치 달아나고 있었다. 내 스타일이 아니야. 어차피 깨질 거라 생각하니 팽팽했던 긴장이 느슨해졌다.

"저는 커피 주세요."

일순 세 사람 눈이 내게 모였다가 흩어졌다. 혼자 커피 주문을 하는 당돌함에 놀라는 눈치였다. 고모님은 한 번만 더 만나보라고 했다. 마음이 내키지 않는다며 없던 일로 하자고 했다. 아까운 사람이라며 쉽게 미련을 버리지 못한 고모의 채근에도 끄덕하지 않던 어느 날, 그 남자에게 전화가 왔다. 고모님 입장을 봐서 정중하게 대했고 정확한 내 의사를 밝히려 그와 약속을 잡았다. 코스모스 다방으로 나갔다. 남자는 처음 만났던 자리에서 기다리고 있었다. 가벼운 목례를 하고 앉으니 남자가 주문을 했다.

"여기 커피 두 잔요."

여전히 내 의사는 무시한 채 일방적이었다.

"아, 그날은 어른들 입맛을 고려해 쌍화차를 시켰어요."

이 남자, 이미 내 속을 훤히 들여다보고 있는 게 아닌가. 그런데 왜 나는 아무런 반박도 못하고 두근대는 거야. 흰 와이셔츠에 네이비색 점퍼가 이렇게 잘 어울리는 남자라니, 콩깍지가 씌는 건 순간이었다. 커피를 좋아하냐고 물었다. 커피 맛도 모르면서 그냥 즐기는 편이라고, 바람 든 풍선처럼 허세를 부렸다. 자기는 촌놈이라 커피는 좋아하지 않는다며 담배 냄새나는 쓰디쓴 커피를 왜 마시는지 이해할 수 없단다. 갑자기 이 남자의 솔직함이 진실해 보였다. 나도 모르게 테이블 위에 있는 설탕 두 스푼을 넣고 휘저으며 그 남자 앞으로 슬쩍 커피 잔을 밀었다.

가끔 그 다방에서 만날 때마다 그는 쌍화차를, 나는 커피를 마셨다. 그해 코스모스 지는 늦가을에 결혼을 했다. 전형적 경상도 남자인 그의 무뚝뚝함이 싫지 않았다. 커피 크림처럼 감미로운 신혼을 지나 아이가 태어났다. 처음 하는 농사일에 치이고 아이들 뒤치다꺼리에 삶이 점차 지쳐갔다. 코스모스 다방에서의 촉촉했던 추억은 벽에 걸린 꽃다발처럼 건조해져 갔다. 마주 앉아 차 한 잔 나눌 여유도 없었다. 찬장 속 미제커피 봉지는 굳어가고 친구가 선물로 준 커피 잔에는 먼지가 쌓였다.

 환상을 걷어내면 결혼은 치열한 현실이다. 마음의 거리는 알지 못한 채 우리는 느낌만으로 서로의 거리를 짐작했다. 정물구도처럼 한곳에서 같은 모습으로 살아가는 남편을 보면 답답했다. 고집 센 남편과 맞서는 방법을 몰라 출렁이다 혼자 삭이곤 했다. 풀지 못하고 쌓아둔 가슴은 늘 무지근했다. 남편을 변화시키기보다 앞산을 옮기는 게 더 쉽다고 한다. 남편만을 탓할 수도 없는 게, 여자라고 쉽게 바뀌겠는가. 무뚝뚝함이 좋았던 그때와 지금. 남편은 예전 그 모습, 여전히 달라지지 않았다. 그렇다면 내가 변한 걸까. 그의 솔직함이 담백함으로 느껴지던 코스모스 다방에서의 첫 설렘은 향이 다한 커피처럼 그저 존재할 뿐, 마음은 물과 같아 우리를 저만치 흘려보낸 건지도 모른다. 기쁨 슬픔 아픔을 버무리면 삶도 잘 걸러진 커피 향처럼 은은하고도 깊은 맛을 낼 수 있을까.

 나는 가미하지 않은 커피 향이 좋아 아메리카노를 즐겨 마신다. 그러나 남편은 달달한 믹스커피를 좋아한다. 맞출 수 없는 게 어디 커피뿐일까. 성향도 취향도 맞는 게 하나 없지만 사십 년이 넘도록 한집에 살고 있다.

믹스커피가 나오기 전에는 설탕과 크림을 넣고 커피를 제조해서 마셨다. 비율이 맞지 않으면 니 맛도 내 맛도 아니다. 소태처럼 쓰기도 하고 너무 달아 꿀물이 되기도 한다. 커피 하나에 설탕 크림 두 개 반은 여러 번의 시행착오 끝에 나온 믹스 조합이다.

코스모스 다방에서 나눈 이야기는 잊었지만 그때 마셨던 커피는 기억한다. 일견 단맛 같지만 뒤끝은 쓰고 떫기도 한 게 사랑이다. 날 위해 쓴맛을 삼키던 그 남자를 위해 쑥스럽게 두 스푼 설탕을 넣어주던 그 여자는 어디로 숨어버렸을까. 그래도 어쩌랴. 아메리카노와 믹스커피가 만났으니.

몸이 운다

바람이 나뭇가지를 흔들며 지나간다. 길 옆 느티나무는 벌써 잎을 반쯤 떨어뜨렸다. 청년기를 보낸 나무는 가을이 깊어가면서 조용히 옷을 벗는다. 흙으로 돌아가기 위한 숭고한 의식일 뿐이라고 애써 외면해도 자꾸만 눈길이 머문다. 저물어 빛을 잃는다는 것, 버틸 수 없어 기울어진다는 것은 쓸쓸한 일이다.

요즘은 일주일에 한 번쯤 밭에 간다. 한줄기 청신한 바람 끝에 한결 선명해진 가을이 보인다. 밀린 일주일치 일거리가 기다리고 있지만 농장을 한 바퀴 둘러보는 일은 이제 습관이 되었다. 일주일 전 초록색 콩잎이 황갈색으로 변하여 까슬까슬해졌고 꼿꼿하게 서 있던 들깨도 쓰러지지 않으려 서로 어깨를 내주며 서 있다. 밭둑 아래 숨어 있던 늙은 호박 한 덩이가 반색을 한다. 수확기에 접어들면서 매번 밭에 갈 때마다 일주일이란 시간의 힘을 실감한다. 코끝을 스치는 마른 풀 냄새, 가을볕이 물기를 거둬들이는 것이 눈에 보인다.

　간밤에 이불을 끌어당겨 덮는데 머리맡에서 귀뚜라미가 울었다. 내 몸도 울기 시작했다. 로션을 바르고 물을 마셨지만 좀처럼 가라앉질 않았다. 나는 몇 번 엎치락뒤치락하다 잠이 들었다. 언젠가부터 가려움증에 시달렸다. 해마다 이맘때면 부쩍 심해져서 긁느라 잠을 설치기도 한다. 피부과에서 건조증이라 했다. 나이가 들면서 나타나는 증상이라면서 보습제를 듬뿍 바르고 수분을 많이 섭취하라고 했다. 환절기마다 겪지만 딱히 치료방법이 없어 고통스러운 시간을 보낸 지 꽤 오래되었다. 수시로 핸드크림을 발라도 손바닥은 항상 건조하다. 나이가 들수록 몸속 물기가 점점 사라져 가랑잎처럼 퍼석거리는 것이다. 약한 불기운만 있어도 타 버릴 듯 종잇장 같은 몸, 가슴 깊은 곳에서 '파삭' 소리가 들리는 것 같다.

  가을은 꼭 내 나이 속도만큼 빠르게 가고 있다. 걸핏하면 울던 몸이 가을이 되자 더 심해진다. 물기 마른 몸에서 혈기와 기개마저 사라지자 비로소 보이는 것이 있다. 꽃 진 자리에 오래 시선이 머물고 작고 하찮은 것들에 마음이 끌린다. 복잡한 것보다 단순하게, 심각하기보다 가벼워지고 싶다. 정장보다 헐렁한 옷을 입고 격식보다 편안하게 차 한 잔 나누며 솔직 담백한 대화로 소통할 수 있는 벗이 그립다. 박노해 시인의 〈가만히 돌아가기〉라는 시를 떠올린다.

> 자연을 거스르면
> 몸이 운다
> 몸이 울면
> 마음도 아프다
>
> 아플 땐 멈추고
> 자연으로 돌아가기
> 거스르고 무리한 것들

내려놓고 비우기

힘들고 아플 땐
기본으로 돌아가기
새 힘이 차오르도록
그저 비워두고 기다리기

 나무가 물기를 덜어 잎을 떨어뜨린다. 하나씩 잎을 버릴 때마다 가벼워지는 나무. 나뭇잎이 붉은색으로 변하는 것은 엽록소라는 물질이 빠져나간 때문이다. 가장 곱게 물들었다 싶을 때 나무는 잎을 떨어뜨린다. 때론 단풍이 꽃보다 곱고 한낮 태양보다는 저녁노을이 아름다우며 가을꽃 향기가 더 은은하지 않던가. 욕망에 사로잡혀 지낸 젊음보다 나이 들어 세상 이치를 겸허히 받아들이는 지금의 삶이 나는 좋다. 모든 살아 있는 것들은 시간이 흐르면 생기를 잃고 스러지기 마련이다. 하지만 메마른 육신에 영혼마저 빈집이 되어 버릴까, 그게 두려운 것이다.
 가을 해는 짧다. 부드러운 바람과 햇살 속에 덩달아 순해지는 가을, 같은 하루를 헐어도 다른 계절에 비해 빠르게 지나간다. 잡아두고 싶지만 움켜쥔 손가락 사이를 사정없이 빠져나간다. 사과는 단물을 저장하고 벼 이삭은 더 깊이 고개 숙인다. 종일 볕에 몸을 말리며 결실을 준비하는 저들에 비해 거둘 것 없는 내 삶의 가을은 삭막하기만 하다. 해는 저무는데 무얼 준비하고 있는지 허전한 내 곳간은 무엇으로 채울지 돌아보는 시간이 길어진다.

습기 빠진 바람이 마른 피부를 스치며 지날 때마다 내 몸은 다시 울기 시작한다. 영양제와 보습용 크림을 발라도 별 소용이 없다. 약을 입안에 털어 넣고 물을 마신다. 약 한 봉지에 몸은 울음을 멈추고 조용해졌지만 건들기만 해도 바스러질 것 같다. 물기를 가두려 생수 한 컵을 마신다. 그러나 갈라진 손발 사이로 물기는 소리 없이 빠져나간다. 덜어내는 만큼 삶도 홀가분해진다면 나쁘지만은 않을 것이다. 이왕이면 잘 탄 연탄재나 말랑한 곶감처럼 물기를 거둬낼 수 있다면, 욕심을 부려본다.

바스락거리는 소리에 돌아보니 바람이 마른 깻단을 흔들며 지나간다. 바싹 말라 물기라곤 없는 들깨 묶음이 꼭 부둥켜안고 서 있다. 끝까지 남은 온기를 나누며 몸을 기대고 선 모습이 애틋하다. 밤새 뒤척여 핼쑥해진 굴참나무 잎사귀는 바람 따라 길을 나선다. 떠나는 가을을 잡아 보기라도 할 것처럼 나는 얼른 자리를 털고 일어난다. 바람은 무심하게 지나가 버린다. 빈 깻단을 한곳으로 모았다. 푸석한 내 손등 위로 늦은 오후 햇살이 붉게 물든다.

성진골을 소환하다

 문득 그곳에 가고 싶었다. 서늘한 바람이 이마에 와 닿는 늦가을 아침 집을 나섰다. 거리에 가로수들이 잎을 떨어뜨리며 마지막 숨을 몰아쉰다. 출근하는 자동차 꽁무니를 쫓아가는 노란 은행잎, 나는 그 뒤를 따라간다. 낙타고개를 넘어 한적한 길로 접어들었다. 골목을 빠져나와 학교 앞에 이르자 운동장 한켠 나무 둥치에 끈을 묶어 시화를 걸고 있는 아이들이 보인다. 노란 은행잎이 팔랑이며 떨어지는 운동장에 아이들 재잘거림이 음표가 되어 가을 하늘과 화음을 이룬다.
 높은 학교 시멘트 담장에 '마을 미술 프로젝트 소개'라는 안내판이 걸려 있다. 높은 학교 담장을 따라가면 성진골 초입이다. 무표정한 시멘트벽에 생명을 불어넣은 마을 전체가 미술관이다. 새가 날아가고 꽃동산에는 꽃이 만발했다. 맞은편 담에는 철가방 든 아저씨가 오토바이를 타고 달린다. 얼른 길을 비켜선다. 오르막길 담벼락에는 악보 한 장과 지휘봉을 든 지휘자가 서 있다. 까칠한 강마에가 턱시도를 입고 금방이라도 멋진 오케스트라 연주를 할 것 같다. 삶이 밟고 간 흔적과 작고 소소한 것들을 모아 놓은 지붕 없는 미술관이다. 벽 전체에 커다란 초상화가 그려져 있다. 평범한 이웃아저씨의 모습은 이 동네 반장 아저씨가 모델이라고, 지나가던 노인이 귀띔해준다. 굵은 주름을 접고 웃는 표정이 푸근해 무슨 말이라도 한마디 건네고 싶다.

시간은 모든 것을 지우고 덮으며 지나간다. 언덕배기에 조개처럼 다닥다닥 달라붙은 집. 그곳 사람들은 집집마다 가난을 옆구리에 끼고 하루치 노동으로 생계를 이어갔다. 가난에 금이 간 사람들, 간간이 대문을 열고 나오던 악다구니를 들으며 그래도 아이들은 자랐다. 딱 하나 있던 공동 수도는 꼭지만 틀면 물이 나오는 게 아니었다. 하루 두 번 정해진 시간에 긴 줄을 기다려야 겨우 물 한 통을 받았다.

오르막길, 머리를 들자 집이 이마에 와 닿는다. 자전거 한 대가 겨우 다니던 좁은 골목은 단단한 시멘트 속으로 숨어 버렸다. 늙은 골목길 여기저기에서 지난 시간이 걸어 나온다. 기차역에서 땔감으로 벗긴 굴피를 고무 함지박에 이고 걸어가는 할머니. 정수리에 굳은살이 배기도록 가파른 이 길을 하루에도 수차례 오르내렸다. 기침 소리에 돌아보니 천식 앓던 뒷집 영식이 아버지가 서 있다. 고단한 하루의 노동을 끌고 오르던 가장들, 자전거 바퀴에 매달린 가족의 생계가 숨차다.

산골을 떠나올 때만 해도 내게 도시는 이렇게 구질구질한 곳이 아니었다. 무지갯빛 화려한 꿈을 안고 온 곳, 그러나 환상은 무너지고 달동네는 내 꿈을 조금씩 갉아먹었다. 언덕배기에 있던 우리 집은 비만 오면 토사가 흘러 금방이라도 내려앉을 것만 같았다. 장마철에는 나무 널빤지로 담을 치고 돌로 축을 쌓았다. 마치 미덥지 못한 삶처럼 위태로운 나날이었다.

오래전 살던 집 앞에 멈췄다. 주인을 기다리는 듯 화분 몇 개가 시름시름 앓고 있다. 대문 안을 들여다봐도 인기척이 없다. 집은 그대로였고 토사가 흘러내린 자리는 콘크리트 옹벽이 굳건히 지키고 있다. 막다른 골목은 친구가 살던 집이다. 대문 앞 문패에는 아직도 친구 아버지 이름이 완강하게 붙어 있다. 산동네 사람들의 인생 목표는 오로지 아래 동네로 내려가는 것, 하지만 가난은 발목을 잡고 하산을 허하지 않았다.

 돌아오는 길에 성진슈퍼를 만났다. 성진골 유일한 가게다. 지금은 성진슈퍼라는 간판이 걸려 있지만 그때는 작은 구멍가게였다. 학교에서 집에 갈 때면 가게 주인은 곧잘 먹을 걸 줬다. 항상 수건으로 얼굴을 가렸던 주인은 심한 화상으로 얼굴이 흉측하게 일그러져 있었다. 마음이 따뜻했던 주인아줌마는 아직도 수건으로 얼굴을 가린 채 살고 있을까. 유리문 너머 주인은 보이지 않고 진열대에는 문구와 과자봉지만 먼지를 뒤집어쓰고 있다.

 성진골, 지금은 신세동으로 불리는 곳. 떠난 후 한 번도 찾지 않았다. 기억 저편 어두운 모습으로 웅크리고 있던 삶의 편린들, 슬픈 자화상 같은 남루한 시간을 만날까 일

부러 외면했다. 잠시 머물렀던 달동네 기억은 잘라내도 무방하리라 생각했다. 오늘 꼭꼭 숨겨둔 음습한 내면 하나 꺼내 가을볕에 말렸다.

두릅을 위하여

 가까운 야산을 다녀온 남편 손에 두툼한 자루 하나가 들려 있다. 자루 속에는 손가락 한 마디 크기로 잘린 두릅나무 가지들이 가득 담겨 있다. 멀쩡한 나무를 어디에 쓰려고 저리 모질게 잘라왔느냐는 말에 대꾸도 하지 않고 거실 바닥에 쏟아 붓는다. 영문도 모른 채 무지막지한 힘에 우두둑 분질러진 가지들, 마디마다 앙칼진 가시를 세우고 항변이라도 하듯 쏘아보고 있다. 남편은 빈 스티로폼 박스에 흙을 채우고 두릅 가지를 가지런히 꽂았다. 모진 것이 사람이라더니 목이 꺾인 채 내리꽂힌 모습이 서늘함으로 저려온다.

거실 한 귀퉁이에 자리잡은 두릅. 날카로운 가시를 세우고 접근을 거부하는 두릅은 죽었는지 살았는지 확인할 수가 없다. 뿌리에서 분리되어 다시 생명을 얻는 것도 어렵지만 자랄 수 있는 환경이 아무래도 아파트는 아닌 것 같다. 남편은 시간 날 때마다 이리저리 들여다보며 살폈지만 도무지 아무런 변화도 보이지 않았다. 산에서 무겁게 두릅 가지를 들고 올 때는 여린 두릅 순으로 미리 봄을 맛보고 싶었을 터인데, 마주 보고 선 가지들은 기척이 없다. 문밖 햇살이 기웃대고 바람이 어루만져도 시간은 무심한 눈길만 더듬고 지나갈 뿐, 두릅 분은 점차 관심에서 멀어졌다.

얼마나 지났을까. 거실 한쪽에 밀쳐 둔 두릅 분을 들여다보던 남편이 소리쳤다.

"움이 터졌어."

보물이라도 발견한 듯 흥분된 목소리였다. 나무껍질을 비집고 녹두알 같은 것이 볼록 솟아올랐다. 저 여린 순이 딱딱한 껍질을 뚫는 힘은 과연 어디서 나오는 걸까. 가지에 남아 있던 생명수 한 방울일까, 오랜 시간을 견딘 인고의 힘일까. 혼신을 다해 밀어 올린 놀라운 생명력에 저절로 탄성이 나온다. 오랜 산고를 겪은 산모처럼 지친 듯 평온한 두릅에게 미역국 대신 물 한 바가지를 주었다.

흙에 마른 나무토막을 꽂을 때는 반신반의했다. 뿌리도 없이 잘려 나온 가지 어디에도 생명줄이 숨어 있을 것 같지 않았다. 나무는 자리를 옮겨 앉으면 기운을 차리지 못하고 시름시름 앓는다. 흙에 싸인 뿌리를 고스란히 옮겨와도 달라진 환경에서는 적응이 쉽지 않다. 하물며 맨몸의 꼬챙이가 꽉 막힌 콘크리트 공간에서 수돗물 한 바가지로 소생하기란 기적 같은 일인지 모른다. 그러나 두릅 가지는 흙속에 뿌리를 내렸고 껍질마다 수액을 길러 올렸다.

하나둘 나오기 시작한 새순은 순식간에 거실 한 귀퉁이를 푸른 동산으로 만들었다. 마른 가지에 저토록 눈부신 푸른 생명이 숨 쉬고 있었다니 놀랍기만 하다. 시간이 빚어낸 생명, 제 몸을 지키기 위해 살 하나하나가 가시가 되는 아픔을 견디며 이어가는 생. 바람 없이 피는 꽃이 어디 있으며 고통 없는 삶은 또 어디 있으랴. 시련에 밟혀 쓰러지면 낙오자가 되지만 고난을 지팡이 삼아 다시 일어서면 시련은 정상에 오르는 도구가 된다.

산자락에서 마음껏 손 뻗다 허리가 잘린 두릅 가지가 새 생명을 얻기까지 시련과 고통을 생각한다. 평탄하게 한평생을 사는 것 또한 지루한 일인지 모른다. 삶은 어쩌면 혹독한 시련을 거쳐 뿌리가 내리고 푸른 잎이 돋아나고 열매가 맺는 여정이 아닐까. 봄이 아름다운 건 추운 겨울을 견뎌 잎을 틔우고 꽃을 피우기 때문이듯이. 봄이 하루하루 두릅 키를 재며 오고 있다.

주문

 글은 엉덩이로 쓴다고 했다. 무엇보다 끈기가 요구되는 작업이 글쓰기다. 올해는 심기일전하여 글쓰기에 집중하겠다고 글친구에게 선전포고까지 했는데 여지없이 작심삼일이다. 소소한 일상을 인터넷에 올리면서 쓰기 시작한 글쓰기, 어둡고 아픈 이야기를 꺼내어 한풀이하듯 풀어냈다. 내 이야기를 나누었을 때 슬픔은 따뜻해졌고 아픔은 빨간약이 되었다. 그렇게 글쓰기로 감정을 정화하고 치유했다. 하지만 얕은 우물은 바닥을 드러내고 글 샘은 말랐다. 어지럽게 내뱉은 설익은 언어를 볼 때마다 능력보다 앞선 의욕이 부끄러웠다. 수필을 붙들고 지내온 시간이 적지 않다. 되지 않는 글을 지금껏 잡고 있었으니 끈기가 부족하다 할 수는 없다.

열 살쯤이었지 싶다. 코를 박고 고무줄을 풀고 있는 내게 옆집 아주머니가 머리를 쓰다듬으며 말했다.

"끈기가 대단하구나."

엉킨 고무줄 가닥을 이리저리 돌려 빼는 것을 지켜보던 아주머니 말은 지금도 귓가에 생생하다. 사실 그때 무언가 진득하니 붙잡고 있을 나이는 아니었다. 점점 꼬이는 고무줄 매듭을 가위로 싹둑 잘라 버리고 싶은 걸 칭찬 한마디에 꾹꾹 눌러 참느라 무척 힘들지 않았나 싶다. 당시 고무줄을 끝까지 풀었는지 포기했는지 기억은 가물댄다. 하지만 살면서 끈기가 필요할 때마다 어느새 나는 아주머니의 그 말을 떠올리며 꾸준한 척이라도 해야 될 것 같았다.

학교 다닐 때 체력장 시간이었다. 운동장 네 바퀴를 돌아 결승선까지 오는 동안 아이들은 포기하거나 쓰러졌다. 다섯 명을 제치고 가장 먼저 골인점을 통과했다. 평소 누구보다 운동을 싫어한 내가 팔백 미터 장거리에서 일등이라니, 이건 반전이었다. 선생님은 대단한 지구력이라며 넘치는 칭찬을 했다. 얼떨결에 육상선수가 되었지만 그 후 내 기록은 그대로 멈췄다. 수십 년이 지난 기억이지만 그날 그 장면과 대단한 지구력이라고 치켜세운 선생님의 말은 잊히지 않는다. 참을성과 인내심은 그렇게 시작되었고 내 끈기의 뿌리는 이웃집 아주머니와 선생님이었다.

수영을 같이 시작한 친구도 가끔 고무줄 같은 나의 근성을 치켜세운다.

"어떻게 십 년을 다닐 수가 있어. 대단한 끈기야."

수영 이야기만 나오면 그는 내 끈기를 칭찬한다. 이야기가 길어지면 그게 칭찬인지 뭔지 좀 헷갈리기도 하지만. 여러 번 수영을 시도했지만 끝내 포기한 이력이 있는 친구다. 나와 달리 그 친구는 늘 새로운 것을 찾아 변화를 즐기는 스타일이다. 캘리그라피에 빠져 있더니 어느 날 중국어를 등록했다고 했다. 며칠 전에는 야생화 그리기를 같이 배우자며 복지회관에 수강 신청을 권했다. 중국어는 너무 어려워 중도에 포기하고 요가는 에어로빅과 겹쳐서 그만두었단다. 결정도 포기도 속전속결이다.

디지털 바퀴로 굴러가는 세상은 한 우물을 깊게 팔 게

아니라 여러 우물을 얕게 파봐야 한다며 쓸데없이 신중한 나를 답답해했다. 재바른 사람들 속에서 살아가는 내 방식을 친구는 이해하지 못했다.

고수는 나무를 베기 전 도끼날부터 간다. 절반의 시간을 날 가는 데 쓴다. 날을 충분히 벼려야 나무가 쉽게 베어지거늘, 그동안 무딘 도끼날로 찍어대느라 힘만 뺐다. 하지만 쓰지 못하는 핑계를 늘어놓을 때마다 마음은 불편하고 글은 점점 멀어졌다. 뭔가 쓰지 않고 지나가는 날들이 계속되자 마음속에 낯선 남자 하나 숨겨놓은 듯 불안했다. 여전히 두려운 마음으로 쓰고 지우기를 반복하지만 가장 나답게 하는 것은 역시 글쓰기다. 내 글이 누군가의 마음을 만지고 쓰다듬고 위로해주는 그런 따듯한 손길이 되었으면 좋겠다. 요원하지만 생각의 뿌리를 다독이며 다시 컴 앞에 앉는다. 굼뜨고 뒤뚱거려도 내 보폭에 맞춰 느긋하게 따라가자고 다시 최면을 건다.

고통을 견디면 삶에 근육이 붙듯 글쓰기 근육을 자라게 하는 건 역시 끈기밖에 없다. 그래, 끈기는 나의 힘이다. 아주머니의 말은 세월을 견뎌 지금도 마음속에 또렷하게 남아 있다.
 "끈기가 대단하구나."
 스스로 주문을 왼다.

박애자 수필집

기차는 지나갔다

초판인쇄 | 2022년 12월 12일
초판발행 | 2022년 12월 16일
지 은 이 | 박 애 자
펴 낸 이 | 김 경 희
펴 낸 곳 | 말그릇

      (우)02030 서울시 중랑구 공릉로 12가길 52~6(묵동)
      전 화 | 02-971-4154
      팩 스 | 0504-194-7032

      이메일 | wjdek421@naver.com

      등록번호 2020년 1월 6일 제2020-3호

인 쇄 | (주)쌩큐컴퍼니

ⓒ 2022 박애자
값 14,000원

ISBN 979-11-92837-10-9 03810

• 저자와 합의하에 인지는 생략합니다.
• 잘못된 책은 구입하신 곳에서 교환해드립니다.

이 도서의 국립중앙도서관 출판예정도서목록(CIP)은 서지정보유통지원시스템 홈페이지(http://seoji.nl.go.kr)와 국가자료종합목록 구축시스템(http://kolis-net.nl.go.kr)에서 이용할 수 있습니다.

※이 도서는 2022년도 한국예술인복지재단 예술인 창작준비 지원금을 받아 발간되었습니다.